Hans-Dieter Bieniek
Gerhard Schätzlein
Karin Kampf

Grenzland Rhön

Hans-Dieter Bieniek
Gerhard Schätzlein
Karin Kampf

Grenzland Rhön

Wandern im Gestern und Heute

2. (überarbeitete) Auflage

parzellers BUCHVERLAG

ISBN 978-3-7900-0574-5

2. Auflage 2023
Layout: Peter Link
Kartenskizzen: Komoot und OpenStreetMap
Fotonachweis: Siehe Seite 191
Druck und Verarbeitung: Rindt-Druck, Fulda

Inhaltsverzeichnis

Vorwort

Als die herrliche Landschaft der Rhön zwischen Hessen, Bayern und Thüringen nach dem Ende des zweiten Weltkrieges in Besatzungszonen geteilt wurde, konnte noch niemand ahnen, dass bald danach auf DDR-Seite ein menschenverachtendes Grenzsystem über Jahrzehnte hinweg ausgebaut würde.

Die „Staatsgrenze der DDR", wie sie von der Partei- und Staatsführung der DDR bezeichnet wurde, war keinesfalls ein „antiimperialistischer Schutzwall", sondern ein undurchdringlicher und menschenfeindlicher „Eiserner Vorhang".

Mit dem vorliegenden Buch wird kein weiterer klassischer Wanderführer durch die Rhön aufgelegt, sondern die Autoren versuchen, den Spagat eines „politisch- historischen Wanderführers" durch die Rhön zu schaffen, der die faszinierende Landschaft der Rhön von Henneberg bis Geisa beschreibt und dabei auch immer wieder auf die ehemalige innerdeutsche Grenze Bezug nimmt.

Dabei haben wir Rundwanderrouten entlang des Grünen Bandes ausgewählt und dabei besonderes Augenmerk auf die vielfältigen Landschaftsformen der Rhön und auf möglichst intakte, unberührte Natur gelegt. Die Routen sind geeignet für durchschnittlich geübte Wanderer und meist in ca. zwei bis vier Stunden Wanderzeit zu bewältigen. Innerhalb der Wanderungen sind zum Teil Off-Grid-Streckenabschnitte enthalten, die also querfeldein gehen und bisher nicht als Wanderstrecke ausgewiesen sind. Das liegt an dem noch ausbaufähigen Wandernetz. Für die Wanderungen empfiehlt sich festes Schuhwerk und lange Hosen, da Brennnesseln, hohes Gras und Sträucher öfters den Weg säumen.

Zu jeder Rundwanderung gibt es eine oder mehrere wahre Grenzgeschichten, die von uns aufwändig aus den Unterlagen der BStU, der „Gauck-Behörde", die die Unterlagen des ehemaligen Staatssicherheitsdienstes der DDR verwaltet, und den Tagesmeldungen der Grenztruppen recherchiert wurden. Diese Grenzgeschichten, z. B. erfolgreiche Fluchten, gescheiterte Fluchtversuche, Fahnenfluchten und andere Grenzbegebenheiten sind in fast allen Fällen noch nicht veröffentlicht worden. Über diese Recherchen konnten wir den persönlichen Kontakt zu ehemaligen Flüchtlingen herstellen. Sie schilderten uns ihre Beweggründe zur Flucht sowie deren Vorbereitung und Durchführung. Als Quellen sind auch die Berichte von ehemaligen Grenzsoldaten und Berufsunteroffizieren aus der Grenzkompanie Frankenheim zu nennen. Auf Bitte der ehemaligen Flüchtlinge und Grenzsoldaten wird im Buch auf deren vollständige Namensnennung aus Datenschutzgründen verzichtet. *Da ich als Grenzsoldat im Grundwehrdienst in der 10. Grenzkompanie des Grenzregiment 3 Dermbach 1976/1977 in*

Frankenheim gedient habe, werden in jeder Wanderung bestimmte Strukturen und militärische Begriffe der Grenztruppen, Begebenheiten, anbefohlene Feindbilder sowie Grenzdienstgewohnheiten der Soldaten und einzelne besondere Anekdoten durch die Autoren eingebunden, um das Grenzerleben auf der Rhön in allen seinen vielen Facetten anschaulich und erlebbar für die Leser zu machen. Um für die Leser deutlich zu machen, dass jetzt aus der Perspektive von Hans-Dieter Bieniek als ehemaliger Grenzsoldat berichtet wird, haben wir diese Abschnitte kursiv gedruckt. In diesen Berichten wird oft der „DDR-Grenzerjargon" verwendet.

Jede Wanderung enthält neben der ausführlichen Wanderwegbeschreibung, eine Übersichtskarte zur groben Orientierung. Die ehemalige innerdeutsche Grenze ist in ihrem Verlauf in dunkelgrün eingezeichnet. Wenn die Wanderung direkt auf der ehemaligen Grenze verläuft, überdeckt sie die Grenzmarkierung. Weiterhin finden Sie einen QR-Code zur Komoot Wander-App, Angaben zu Schwierigkeitsgrad, Gehzeit, Länge sowie Höhenmeterangaben, illustriert durch Fotos vom Grünen Band heute und von der damaligen Grenze. Zusätzlich empfehlen wir eine Wanderkarte oder die Nutzung einer Wander-App.

Wenn Sie die Komoot Wander-App nutzen wollen, fotografieren Sie am besten den QR-Code bei der entsprechenden Wanderung mit Ihrem Mobiltelefon. Bei vielen Mobiltelefonen reicht die Kamerafunktion, sonst geht es über eine QR-App. Dieser abfotografierte QR-Code lässt Sie direkt zur Wanderung gelangen. Wir empfehlen, die Wanderung downzuloaden, das geht direkt über eine Schaltfunktion bei der Komoot App, dann sind Sie unabhängig von möglichen Funklöchern auf der Strecke. Der blaue Punkt in der Komoot-Karte markiert Ihren Standort und begleitet Sie auf der Wanderung.

Die Wanderungen beginnen und enden an Stellen, an denen man den PKW abstellen kann.

Eine Übersicht über die elf Wanderungen mit in dunkelgrün eingezeichneter ehemaliger innerdeutscher Grenze finden Sie am Ende des Buches.

Weiterhin geben wir Tipps zu Gasthäusern, Sehenswürdigkeiten und weiteren Ausflugszielen in der Nähe.

Es ist unser Anspruch, beim Leser das Interesse für die Schönheit der Natur der Rhön, den achtsamen Umgang mit ihr beim Wandern zu wahren und an die ehemalige innerdeutsche Grenze mit „Grenzgeschichten" zu erinnern. Deshalb soll das Buch in erster Linie ein Wanderführer für geschichtlich und politisch interessierte Wanderer sein. Wir freuen uns, wenn Sie uns Anmerkungen, Kommentare und Vorschläge unter der Mailadresse **grenzland-rhoen@gmx.de** zukommen lassen.

Grußwort

Zumeist verfallen und vergessen stehen die Relikte der jüngeren deutschen Geschichte in der Landschaft der Rhön. Stille Zeugen einer tödlichen und menschenverachtenden Grenze innerhalb Deutschlands. 41 Jahre lang war Deutschland, so wie wir es heute kennen, geteilt. Heute kommt man ungehindert von Thüringen nach Hessen oder Bayern oder von dort nach Thüringen. Im Besonderen an den Verbindungsstraßen erinnern Schilder an bestimmten Stellen an die jeweilige Grenzöffnung vor 33 Jahren. Ein absoluter Kontrast zum Grenzverlauf, der an manchen Stellen nicht mehr sichtbar ist und nach und nach eine immer mehr verblassende Erinnerung darstellt.

Über Nacht wurde durch die „Polizeiverordnung über die Einführung einer besonderen Ordnung an der Demarkationslinie" am 26. Mai 1952 das Leben der grenznahen Bevölkerung der Deutschen Demokratischen Republik auf den Kopf gestellt. So wurden beispielsweise die Bestimmungen über den kleinen Grenzverkehr aufgehoben, die Einwohner des Sperrgebietes erhielten keinen Interzonenpass mehr und der Ausbau der Grenze begann.

Knapp 32 Jahre liegt die Wiedervereinigung Deutschlands zurück. Und doch wirkt es an vielen Stellen so, als wären es bereits Jahrhunderte. Die Zwangsaussiedlungen in der DDR beispielsweise spielen in unserer nationalen Erinnerungskultur, wenn überhaupt, nur eine marginale Rolle. Die Natur holt sich zurück, was einst der Todesstreifen war. Der Todesstreifen wird zur Lebenslinie, in welchem sich Tier- und Pflanzenarten ansiedeln, welche man sonst vergebens in Deutschland sucht.

Mit „Grenzland Rhön – Wandern im Gestern und Heute" setzen die Autoren die malerische und vielfältig erwanderbare Landschaft der Rhön mit ihrer Geschichte im geteilten Deutschland in Verbindung.

Geisa, im Oktober 2022

Jan Ludwig Antoni, M.A.
Wissenschaftlicher Mitarbeiter
Point Alpha Stiftung

B-Turm gegenüber dem US Camp Point Alpha bei Geisa

Die Autoren

Dr. Hans-Dieter Bieniek

Diplomökonom, pensionierter Mitarbeiter einer deutschen Großbank aus Baden-Württemberg, wohnhaft in Königsbronn. Er hat von 04/1976 bis 04/1977 als Grenzsoldat in der ehemaligen 10. Grenzkompanie Frankenheim des Grenzregimentes 3 Dermbach seinen Grundwehrdienst im zweiten und dritten Diensthalbjahr bei den Grenztruppen der DDR geleistet. Neben der Liebe zur Landschaft und Natur der Rhön hat ihn das Thema der ehemaligen innerdeutschen Grenze in der Rhön nie ganz losgelassen, weil ihn bestimmte Erlebnisse als Grenzsoldat geprägt haben.

Die drei Autoren bei der Buchpräsentation in Point Alpha mit dem Friedensweglogo

Gerhard Schätzlein

Pensionierter Lehrer aus Filke bei Willmars. Seit mehr als 30 Jahren beschäftigt er sich mit dem Thema der innerdeutschen Grenze in Thüringen und hat dazu mehrere Bücher veröffentlicht, die überregional Beachtung gefunden haben. Darüber hinaus ist er der inhaltliche Verfasser und Ersteller des Layouts der 41 Friedenswegtafeln am Grünen Band zwischen der GÜST Henneberg/Eußenhausen bis nach Birx.

Karin Kampf

Gymnasiallehrerin, wohnhaft in Königsbronn. Schon in ihrer Abiturklausur beschäftigte sie sich mit der innerdeutschen Teilung, das Interesse blieb, auch wegen ihrer verwandtschaftlichen Beziehungen in die Rhön. Da sie gerne wandert, suchte sie – vergeblich – nach einem politisch-historischen Wanderführer über die Rhön und entschloss sich dann mit ihrem Lebenspartner, Hans-Dieter Bieniek, sowie Gerhard Schätzlein, einen solchen zu schreiben.

Der Ausbau der ehemaligen innerdeutschen Grenze von 1949 bis 1989

Bewaffnete Grenzsoldaten, Mauer in Berlin, Splitterminen am Streckmetallzaun, Bodenminen, Stacheldraht, 6m-Kontrollstreifen, Kolonnenweg, Signalschnüre, Handleuchtzeichen, B-Türme, Alarmgruppe, Scheinwerfer, Hundelaufanlagen, Grenzboote, freiwillige Grenzhelfer und Grenzsignalzaun, das waren bis Ende 1989 Begriffe, die fest verbunden waren mit der innerdeutschen Grenze, deren systematischer Ausbau, beschlossen durch die SED-Partei und -Staatsführung, hier kurz skizziert werden soll. Keine andere Grenze in Europa war so gut gesichert wie die innerdeutsche Grenze. Diese menschenfeindliche Grenze, die nur nach innen ausgerichtet war und kein „antifaschistischer Schutzwall" war, kostete im Laufe ihres Bestehens hunderte Menschen das Leben und brachte zehntausende Menschen nach gescheiterter Flucht in den Strafvollzug der DDR.

Bevor auf die Ausbauetappen der Grenzsicherungsanlagen der DDR verkürzt eingegangen wird, möchten die Autoren darauf hinweisen, dass eine erfolgreiche Flucht auch in den 50er und 60er Jahren immer gefährlich war und in den meisten

Pionierarbeiten in der Minensperre

Grenzaufklärer

Fällen nur sehr orts- und grenzsystemkundigen Bewohnern des Grenzgebietes und Grenzsoldaten gelang. Ortsunkundige von außerhalb des Grenzgebietes wurden in den meisten Fällen schon bei ihrer Anreise zur Grenze von der Transportpolizei im Zug oder von Streifen der Volkspolizei vor dem Grenzgebiet festgenommen. Dazu kam noch das dichte Netz an freiwilligen Helfern der Grenztruppen und informellen Mitarbeitern des MfS (IM) unter der Bevölkerung. Ortsfremde fielen sofort auf und wurden der Volkspolizei und der Grenzkompanie im Ort gemeldet. Die Chance, die Grenze zu überwinden, lag in den 60er Jahren bei unter 1 % und in den 70er und 80er Jahren bei vollständigem Grenzausbau bei unter einem Promille. Wir betonen dies hier so explizit, weil beim Lesen unseres Buches, insbesondere der recherchierten Grenzgeschichten der erfolgreichen Fluchten, der Eindruck entstehen könnte, dass ein Fluchtversuch über die Grenze oft erfolgreich war. Dem war nicht so! Ein Fluchtversuch war insbesondere im Grenzgebiet vor der letzten Grenzsperre mit absoluter Lebensgefahr verbunden.

Mit der Gründung der DDR am 7. Oktober 1949 bestand ein wesentliches Problem der SED-Partei und -Staatsführung darin, dass die Bürger der DDR aufgrund

der politischen und wirtschaftlichen Situation ihr Land in großer Zahl über die noch relativ ungesicherte grüne Grenze und über West-Berlin verließen. Dieser demografische und wirtschaftliche Aderlass fügte der DDR Schaden zu. Um dem entgegenzuwirken, beschloss die SED, den Ausbau der innerdeutschen Grenze zu forcieren. 1954 wurde entlang der Grenze eine 5 km breite Sperrzone errichtet. Bis Ende 1958 flohen insgesamt 199.188 Menschen aus der DDR, davon ca. 75% über die noch offene Sektorengrenze von Ost- nach West-Berlin. 1960 machte eine zunehmende Wirtschaftskrise in der DDR das Ziel des 5. SED-Parteitages zunichte, den Pro-Kopf-Verbrauch wichtiger Lebensmittel und Konsumgüter auf das Niveau der BRD anzugleichen.

Am 13. August 1961 wurde in Berlin auf Beschluss der SED-Führung unter Walter Ulbricht mit dem Bau der Mauer begonnen und die Grenze nach West-Berlin vollständig abgeriegelt. Die Leitung des Mauerbaus im Politbüro oblag Erich Honecker. Entlang der innerdeutschen Grenze wurden auf 870 km 434 Beobachtungstürme errichtet. Zudem wurde damit begonnen, Landminen zu verlegen. Ab 1968 wurde der „ungesetzliche Grenzübertritt" nach dem Strafgesetzbuch der DDR mit einer Freiheitsstrafe von zwei bis acht Jahren geahndet. Ab 1971 erfolgte der weitere Ausbau der Grenzanlagen durch die Errichtung von Grenzsignalzäunen und die Installation von ca. 71.000 Splitterminen am Streckmetallzaun. Die DDR feierte am 7. Oktober 1979 den 30. Jahrestag ihrer Gründung und baute das Grenzregime weiter aus. Der seit 1960 de facto geltende Schießbefehl wurde 1982 in das Grenzgesetz der DDR aufgenommen.

Dieser hier kurz skizzierte Ausbau der innerdeutschen Grenze erfolgte in gleicher Weise für die verschiedenen Grenzabschnitte des Buches im Raum Henneberg bis Geisa.

Minensperre bei Stedtlingen in den 60er Jahren

Als Gegenleistung für einen Kredit in Höhe von einer Milliarde DM von der Bundesrepublik baute die DDR 1984 die Land- und Splitterminen an der Grenze ab.

Anfang 1989 begannen in Leipzig die ersten Montagsgebete in der Nikolaikirche. Zum 40. Jahrestag der Gründung der DDR forderten in Berlin tausende Demonstranten „Keine Gewalt" und „Demokratie – Jetzt oder nie". So kam es ab dem 4. September 1989 zu den ersten großen Montagsdemonstrationen in Leipzig, die anschließend in immer mehr Städten der DDR stattfanden. Erich Honecker trat als Generalsekretär der SED zurück. Am 9. November 1989 wurde die Mauer in Ost-Berlin geöffnet. Die DDR-Volkskammer beschloss im Dezember 1989 den Abbau aller Grenzanlagen. Der Abbau der ersten Grenzanlagen begann ab 27. November 1989.

Die Auflösung der Grenztruppen der DDR erfolgte am 21. September 1990 auf der Grundlage des Befehls Nr. 49/90 des Ministers für Abrüstung und Verteidigung der DDR.

Auf der Grundlage des Einigungsvertrages erfolgte am 3. Oktober 1990 die Wiedervereinigung der DDR mit der BRD.

Das Verhältnis der Grenzsoldaten auf der Kompanie untereinander und zu den Einwohnern des Grenzgebietes

Das Verhältnis der Grenzsoldaten untereinander ist wichtig für dieses Buch, da die Soldaten in den verschiedenen Diensthalbjahren mindestens ein halbes bzw. ein ganzes Jahr zusammen auf der Kompanie verbrachten. *Dazu kann ich sagen, dass die Kameradschaft auf der Kompanie in Frankenheim auch zwischen den Soldaten, die als sogenannter Posten im zweiten Diensthalbjahr waren, und den Gefreiten als Postenführern im dritten Diensthalbjahr gut war. Jeder von uns war im Grenzdienst auf den anderen angewiesen und wusste, dass dieser im gemeinsamen Grenzdienst eine Kalaschnikow mit 60 Schuss bei sich trug. Schikanen und Mobbing eines Soldaten habe ich auf der Kompanie nicht kennengelernt, wie das aus anderen Einheiten der NVA berichtet wurde. Auch die Entlassungskandidaten-Bewegung (EK-Bewegung) verlief in geordneten Bahnen, ohne dass es zu exzessiven Auswüchsen kam. Jeder Gefreite hatte natürlich immer und überall sein geliebtes Bandmaß bei sich, an dem er für jeden gedienten Tag der letzten 150*

Treffen von Ost- und Westgrenzer nach Grenzöffnung

Postenführer mit Hund und Grenzsoldaten Kaltenwestheim 1973

Tage, einen Zentimeter feierlich abschnitt. Mobbing oder Schikanen in übler Form einem anderen Grenzsoldaten gegenüber hätten im wahrsten Sinne lebensgefährlich enden können. Aus unseren Recherchen in den Unterlagen der Gauck-Behörde (BStU) und den Tagesmeldungen der Grenztruppen wissen wir, dass es vereinzelt solche Fälle und auch dadurch ausgelöste Fahnenfluchten gab. *Natürlich hatten die Gefreiten als Postenführer im Grenzdienst und auf der Bude das Sagen und die Soldaten mussten sich in das System einfügen. Kleinere Unstimmigkeiten auf der Bude wurden zivilisiert ausdiskutiert. Für uns Soldaten war es wichtig, dass wir im Grenzdienst dem anderen wirklich vertrauen konnten, er keine Fluchtabsichten hegte und damit Gewaltanwendung dem Postenpartner gegenüber plante. Darüber hinaus war es für uns sehr wichtig, nach einer Kennenlernphase auf der Kompanie von zwei bis drei Wochen mit dem Kameraden offen und freimütig reden zu können und sicher zu sein, dass kein unliebsames „Gummiohr", so die abwertende Bezeichnung für einen informellen Mitarbeiter des MfS, unter uns war, der später bestimmte Geschehnisse auf der Kompanie, auf der Bude oder im Grenzdienst seinem Führungsoffizier bei der Abteilung V2.000 schriftlich oder mündlich berichtete. Zu meiner Zeit hatten wir in unserem Zug keinen solchen „besonderen Kameraden".*

An dieser Stelle muss dazu angemerkt werden, dass die Personalauswahl für die Grenztruppen ausschließlich durch das MfS vorgenommen wurde. Seit 1962 mit der Einführung der Wehrpflicht in der DDR übernahm das MfS im Vorfeld der

Musterung zum Wehrdienst diese Aufgabe, deren Ergebnisse nicht immer zufriedenstellend waren. Trotzdem erfolgte schon eine gewisse qualitative Vorauswahl, dass Wehrpflichtige mit krimineller Vergangenheit oder intensivem familiären Westkontakt, nicht abgeschlossener Schul- und Berufsausbildung oder unangepasstem Verhalten in der Öffentlichkeit nicht zu den Grenztruppen einberufen wurden. *In dem Zusammenhang muss erwähnt werden, dass wir in einem Zug nicht alle automatisch beste Freunde oder Kumpel waren* und nicht jeder Postenführer mit jedem Soldaten zum Grenzdienst eingesetzt wurde. Zu jeder Schicht wurden die Postenpaare neu zusammengestellt. Niemals ging das gleiche Postenpaar zweimal direkt hintereinander in den Grenzdienst. Es gab seitens des MfS eine beim Kompaniechef (KC) hinterlegte Klassifizierung der Soldaten nach ihrer Zuverlässigkeit. Dieses Ergebnis der Klassifizierung hieß „A-, B- oder C-Bestätigungen", im Grenzerjargon „A-, B- oder C-Schläuche". Eine sogenannte A-Kraft durfte zusammen mit einem Offizier oder Berufssoldaten auf 6m-Kontrollstreife gehen oder notwendige Arbeiten feindwärts, also hinter dem letzten Grenzzaun, auf dem vorgelagerten DDR-Hoheitsgebiet absichern. Ein B-Schlauch war ein normaler Grenzsoldat, *so wie ich einer war,* der mit jedem A-Schlauch auf Schicht gehen konnte. Es durften auch zwei B-Schläuche gemeinsam in den Grenzdienst. Bei einem C-Schlauch gab es Zweifel an dessen Zuverlässigkeit im Grenzdienst, und er wurde eigentlich nur für den Innendienst in der Küche, als Schreiber des Hauptfeldwebels (Spieß), manchmal auch als Aushilfshausmeister oder Heizer und nur in Ausnahmefällen als Objektwa-

Blick vom Abtsberg zur Geba

Schafherde am Heimatblick

che eingesetzt. Der Einsatz eines C-Schlauches im Grenzdienst erfolgte nur zusammen mit Berufsunteroffizieren oder Offizieren der Einheit, aber nicht mit Soldaten im Grundwehrdienst. Ein sogenannter C-Schlauch wurde zwar zum Gefreiten befördert, aber nicht zum Postenführer ernannt.

Zum Zusammenleben auf der Kompanie und im täglichen Grenzdienst sei noch bemerkt, dass es Grenzer gab, mit denen man gern auf die 8- bis 10-Stundenschicht ging, da sie unterhaltsam, humorvoll und manchmal auch etwas abenteuerlustig oder übermütig waren. Die anderen waren meist etwas älter, hatten zu Hause bereits Frau und Kinder und waren im Dienst häufiger disziplinierter und zurückhaltender, weil sie Problemen im Grenzdienst aus dem Weg gehen wollten. Mit ihnen konnte man im Dienst keinen Blödsinn veranstalten. Abschließend sei angemerkt, dass für uns an der Grenze nicht wörtlich galt:

„14 Freunde müsst Ihr sein" (14 Soldaten und drei Unteroffiziere auf Zeit und ein Berufssoldat bildeten einen Zug in der Grenzkompanie zu meiner Zeit), aber wir wussten, dass wir uns aufeinander verlassen konnten.

Im Weiteren soll auf das Verhältnis der Grenzsoldaten im Grundwehrdienst und der Unteroffiziere auf Zeit (UaZ) zu den Einwohnern des Grenzgebietes eingegangen werden. *Aus meiner einjährigen Erfahrung als Grenzer kann ich sagen, dass es ein normales, durchaus freundliches und offenes Verhältnis auf beiden Seiten war. Die Grenzsoldaten hatten direkten Kontakt mit der Grenzbevölkerung meist beim Ausgang in den örtlichen Gaststätten oder bei Tanzveranstaltungen. Im Grenzdienst selbst hatte man Kontakt mit der Bevölkerung an Schlagbäumen zum Schutzstreifen, bei den Personen- und Kfz-Kontrollen oder seltener als Hinterlandstreife im Grenzgebiet. Der Gesprächskontakt bestand auch öfters bei der Absicherung von Weidearbeiten, z.B. Weideauftrieb von Rindern, Zauninstandsetzung der Weiden u.a. im Schutzstreifen, Erntearbeiten oder bei Waldarbeiten, z.B. Fällarbeiten oder Neuanpflanzungen bis direkt an der letzten Grenzsperre.* Die Grenzbevölkerung wusste, dass Grenzer im Grundwehrdienst nicht freiwillig an der Grenze waren, sondern zu den Grenztruppen der DDR einberufen wurden. Ähnlich verhielt es sich mit den Unteroffizieren auf Zeit, die sich zu 3 Jahren Wehrdienst freiwillig verpflichtet hatten. In der katholisch geprägten Gegend um Geisa traf dies nicht in dem Maße zu. Dort war der Umgang mit den Grenzsoldaten deutlich reservierter. Das zeigte sich auch daran, dass Eheschließungen zwischen Grenzsoldaten und den jungen Frauen dieser Gegend deutlich weniger vorkamen.

Ein etwas schlechteres Verhältnis hatten wir Grenzer zu den jungen Männern vor Ort. Durch die extrem isolierte geografische Lage der beiden Orte Frankenheim und Birx betrachteten uns die jungen Männer oft als unliebsame Konkurrenten bei den jungen Damen des Ortes. Die Grenzsoldaten wurden von den jungen Damen den Einheimischen vorgezogen. Diese Stimmung der jungen Männer bekamen wir des Öfteren im Ausgang oder bei Tanzveranstaltungen zu spüren. Zur direkten Konfrontation durch z.B. üble, verbale Auseinandersetzungen oder gar Schlägereien ist es nicht gekommen, weil wir als Grenzer immer in der Gruppe auftraten. Darüber hinaus hätte jeder tätliche Angriff auf einen Grenzsoldaten sehr ernsthafte Folgen für den Angreifer gehabt. Er wäre nach Prüfung des Sachverhaltes ziemlich sicher aus dem Grenzgebiet entfernt und damit zwangsausgesiedelt worden.

Etwas differenzierter muss man das Verhältnis der Einwohner der Grenzdörfer zu den Berufsunteroffizieren und Offizieren der Grenztruppen sehen. Diese hatten sich freiwillig langjährig für mindestens 10 bzw. 25 Jahre bei den Grenztruppen verpflichtet. Des Öfteren hatten Unteroffiziere oder Berufsunteroffiziere junge Frauen aus dem Ort geheiratet und wohnten mitten im Dorf, also nicht in den separaten Wohnblöcken der Berufsunteroffiziere und Offiziere am Ortsrand. Diese Berufssoldaten waren meist gut in das Dorfleben integriert. Das Verhältnis der Einheimischen zu den Berufssoldaten und Offizieren, welche ausschließlich die Wohnhäuser („Buckelburgen" im Soldatenjargon genannt) am Ortsrand bewohnten, kann eher als etwas distanziert beschrieben werden, da sie häufiger in andere Einheiten versetzt wurden und nicht so gut in das Dorfleben integriert waren. Engeren Kontakt gab es nur zur vermeintlichen „Obrigkeit" des Ortes, wie dem Bürgermeister, dem Parteisekretär, dem Abschnittsbevollmächtigten der Volkspolizei, dem LPG-Vorsitzenden, dem Förster, den freiwilligen Grenzhelfern und dem Schuldirektor.

Oftmals hatten einzelne Soldaten und Unteroffiziere eine Liebschaft im Grenzort. Daraus entstanden häufiger Ehen, wobei die meisten jungen Frauen nach der Eheschließung Frankenheim oder Birx verließen. *Auch ich hatte während meiner Grenzdienstzeit eine Freundin aus Frankenheim. Sie war gutaussehend, unterhaltsam und intelligent. Nach Beendigung meines Wehrdienstes ging ich zum Studium an die Martin-Luther-Universität nach Halle/Saale und sie studierte an einem Lehrerbildungsinstitut in Meiningen. Da ich als normaler und nicht offiziell mit ihr verlobter ehemaliger Grenzsoldat keine Einreisemöglichkeit, also einen notwendigen Passierschein für das Grenzgebiet nach Frankenheim erhielt, ging der Kontakt zwischen uns mit der Zeit verloren. Ich fand meine Liebe letztendlich auf der Schwäbischen Alb. Eine sehr schöne Geschichte, wie gut das Verhältnis der Einheimischen zu den Grenzsoldaten war, hat mir mein Kamerad Wolfgang I. erzählt, die ich hier wiedergebe:*

„Nachdem unsere Kompanie in Frankenheim im Sommer 1976 von der Kompaniesicherung zur Bataillonssicherung von Kaltenwestheim bis nach Stedtlingen übergehen musste, war der zweite Zug zu einer Tagschicht, es war wohl Mitte September 1976, zur Grenzsicherung des Abschnittes der 9. Grenzkompanie in Kaltenwestheim, befohlen. Der zweite Zug fuhr also auf dem LO, das war ein kleiner Mannschaftstransport-LKW des Herstellers Robur, von Frankenheim über die „Alte Rechte" und Haarnadelkurve hinunter nach Oberweid, um dort die ersten Posten abzusetzen. In Oberweid fand Kirmes statt. Im Ort war richtig Trubel und ein paar Frauen hinderten uns winkend und lachend an der Weiterfahrt. Kaum hatten wir gestoppt, kam eine Frau mit einem riesigen Blech mit Kuchen aus einem Haus; er war für uns und wir verstauten den Kuchen im LO. Andere Frauen kamen mit Tab-

letts voll mit Doppelkorngläsern und wir Grenzer freuten uns über die Abwechslung und stießen mit der Grenzbevölkerung mit einem Schnäpschen an. Nach ein paar Minuten war der angenehme „Spuk" vorbei, wir bedankten uns und fuhren weiter zum Dienst. Natürlich war das Ganze streng verboten und ich als Zugführer hätte dies sogar unterbinden müssen. Damit hätte ich aber dem guten Verhältnis zu den Rhönern in Oberweid einen Tritt versetzt; dies wollte ich nicht und ich glaube, das war auch nicht in „höherem Interesse". In den Grenzorten gab es genug Grenzhelfer und auch IMs, die dieses in aller Öffentlichkeit begangene „Vorkommnis" mit großer Wahrscheinlichkeit an die Staatssicherheit gemeldet haben. Mir passierte als diensthabendem Zugführer aber überhaupt nichts."

Wanderer auf einem ehemaligen Kolonnenweg

Das Wirken des Ministeriums für Staatssicherheit der DDR (MfS) in den Grenztruppen der DDR und im Grenzgebiet der DDR

Die Sicherung der innerdeutschen Grenze ist untrennbar mit dem Wirken des MfS verbunden. Mit Einführung der Wehrpflicht in der DDR im Jahr 1962 wurde es erforderlich, besonders zuverlässige Soldaten für die Grenze zu rekrutieren. Jeder künftige Grenzsoldat der DDR wurde durch das MfS auf seine Eignung, vor allem auf seine politische Zuverlässigkeit genau überprüft. Das MfS und die Grenztruppen sahen sich als militärische Elitetruppen der DDR .

Wie ich das Auswahlraster des MfS für Grenzsoldaten aufgrund meiner Herkunft bestehen konnte, ist mir bis heute schleierhaft. Eigentlich hätte ich niemals zu den Grenztruppen eingezogen werden dürfen. Mein Vater war ehemaliger Offizier in der deutschen Wehrmacht und seit August 1945 SPD-Mitglied. Er wurde 1952 wegen parteifeindlichem Verhalten aus der SED ausgestoßen. Er hatte in einer öffentlichen Parteiversammlung in meinem Heimatort die Zwangsaussiedlung von Bewohnern des Grenzgebietes im Rahmen der SED-Aktion „Ungeziefer" scharf kritisiert. Danach wurde er laut seiner Stasiakte als Staatsfeind der DDR identifiziert. Nach der Wende erhielt mein Vater aufgrund seiner Benachteiligungen in der DDR eine Rente für Opfer des SED-Regimes. Meine Eltern hatten insgesamt 5 ältere Geschwister in der BRD, zu denen sie aber nur sporadischen Briefkontakt unterhielten. Besuchskontakt in der DDR mit der Westverwandtschaft hat es in meiner Kindheit, außer zur Beerdigung meiner Großmutter, nicht gegeben. Gesellschaftlich negativ aufgefallen bin ich während meiner Schulzeit nicht. Ich war Pionier, FDJ-Mitglied sowie GST-Mitglied (Gesellschaft für Sport und Technik). Mein Vater hatte mir immer eingeschärft, dass es aufgrund seiner Lebenserfahrung für mich keinen Sinn mache, gegen die SED, den Staat DDR oder das MfS zu agieren. Daran habe ich mich gehalten, genauso wie ich niemals Kontakt mit dem MfS hatte oder selbst gesucht habe. Meine Musterung zu den Grenztruppen resultierte nicht aus einer Fehleinschätzung des MfS hinsichtlich meiner Zuverlässigkeit und Treue zur DDR. In erster Linie wohl eher aus einem Mangel an geeigneten Grenzsoldaten in den 70er Jahren, welche die Zuverlässigkeitskriterien der Aktion „Grün" des MfS für Grenzsoldaten erfüllten.

Das MfS, wie auch die Grenztruppen, fürchteten nichts mehr als den Verrat, also die Fahnenflucht von Angehörigen der Grenztruppen in die BRD. Trotz aller Überprüfungen flüchteten im Verlauf der 40jährigen Sicherung der innerdeutschen Grenze mehr als 3.000 aktive Grenzpolizisten und Grenzsoldaten der DDR in die BRD. Jede gelungene Fahnenflucht und deren mediale Auswertung in der BRD war ein gewaltiger Gesichtsverlust für die SED-Führung. Seit seiner Gründung 1950 war das MfS bestrebt, die Grenzpolizei und später die Grenztruppen der DDR vollständig zu durchdringen, um Republikfluchten und vor allem auch Fahnenfluchten von Angehörigen der Grenztruppen zu verhindern. Dazu wurde in der NVA (Nationale Volksarmee), der Deutschen Grenzpolizei und den Grenztruppen eine gesonderte Abteilung des MfS aufgebaut, die Abteilung V2.000. In jedem Grenzregiment und Bataillon der Grenztruppen gab es Offiziere des MfS in Uniform der Grenztruppen, die im Wesentlichen die Aufgabe hatten, geplante Fahnenfluchten zu vereiteln und das Wirken von fremden Geheimdiensten in der NVA und den Grenztruppen aufzuklären und zu verhindern. Jeder Grenzsoldat der DDR besaß eine Stasiakte, die im Vorfeld seiner geplanten Einberufung im Zuge der vorgenannten Eignungsüberprüfung für die Grenze vom MfS dafür erstellt wurde. Bei der Grenzbrigade Küste hieß der gleiche Vorgang „Aktion Leuchtturm". Auch im Grenzausbildungsregiment in den ersten sechs Monaten vor der Versetzung an die Grenze ging die Bespitzelung der Soldaten weiter. Hier wurden Berichte über die Eignung des Soldaten zum Grenzdienst erstellt. *In meiner Stasiakte sind die Berichte eines Zimmerkameraden IM „Volkert" sowie eines IM „Manfred Thal" aus dem Grenzausbildungsregiment 7 in Eisenach über mich aufgezeichnet. Ein Zimmerkamerad hatte vor dem anstehenden Härtetest der Grundausbildung seine Gasmaske vor den Augen der Kameraden beschädigt, um beim Marsch unter simuliertem Gaseinsatz besser atmen zu können, denn er wusste, dass beim Härtetest nur Rauchgasattrappen zum Einsatz kamen. Er wurde mutmaßlich von dem Zimmerkameraden IM „Volkert" denunziert und im Anschluss zu vier Tagen Strafarrest verurteilt. Nach der der sechsmonatigen Grundausbildung wurde er wegen dieses Vorkommnisses nicht an die Grenze versetzt und verblieb im Ausbildungsregiment Eisenach. Das Beispiel zeigt, wie umfassend die Bespitzelung war.* Dieses System der ständigen Überwachung und Bespitzelung der Grenzsoldaten setzte sich auch in den Grenzkompanien fort. Die Bespitzelung der Offiziere, Unteroffiziere und Soldaten in den Grenzkompanien ging so weit, dass in jeder Grenzkompanie mit einer durchschnittlichen Personalstärke von ca. 100 Mann ungefähr vier bis sechs IM des MfS tätig waren. Es gab unter anderem den Befehl Nr. 44, der besagte, dass die Gruppenführer nach jedem Urlaub eines Soldaten ein Gespräch mit ihm zu führen hatten, um zu erkunden, ob er im Urlaub Westkontakt hatte, es Probleme mit der Ehefrau oder Freundin gab oder andere besondere Vorkommnisse, welche seine „Treue zur DDR" in Frage stellten. Diese Berichte mussten turnusmäßig erstellt und beim stellvertretenden Kompaniechef (stv. KC) abgeliefert werden. Gab es „Auffälligkeiten" im Verhalten gegenüber Kameraden oder im Grenzdienst, waren diese sofort zu melden. Der stv. KC gab diese Informationen umgehend an den Verbindungsoffizier der V2.000 weiter, der dann alle notwendigen Maßnahmen in Abstimmung mit dem Kompaniechef einleitete. Als Folge von gemeldeten Auffälligkeiten eines Soldaten oder Unteroffiziers kam es häufig zu Versetzungen in Einheiten hinter der Grenze, also in das Regiment oder Bataillon. Während der Grenzdienstzeit in der Grenzkompanie führte das MfS eine weitere sogenannte „Filterung" der Soldaten und Unteroffiziere auf Zeit durch mit dem Ziel „unsichere Kantonisten", also Soldaten und Unteroffiziere, die durch das Zuverlässigkeits-Raster des MfS gefallen waren, schnellstmöglich per Versetzung aus der Grenzkompanie zu entfernen. Diese sogenannte „Filterung" fand halbjährlich turnusmäßig durch den Verbindungsoffizier der Abteilung V2.000 des MfS und den Kompaniechef statt und wurde in der „Rolle oder Kladde des Kompaniechefs", so nannte man das Führungsdokument des KC, schriftlich fixiert.

An ein Erlebnis erinnere ich mich besonders. Es war unser erster Tag als die „Neuen" auf der Grenzkompanie in Frankenheim. Wir waren gerade dabei, unsere Spinde einzuräumen und die Gefreiten auf den Zimmern schauten uns dabei zu. Plötzlich betrat Oberleutnant L. das Zimmer. Alle Soldaten machten „Männchen" (Meldung) und der Genosse Oberleutnant ließ Rühren. Er fing ein Gespräch mit mir an und fragte, wie es mir so ginge, ob meine Mutter noch ihr Fotoatelier in Weißensee/Th. betriebe, wie es meinem Vater als Invalidenrentner so ginge und ob ich noch Kontakt zu meinem Schulfreund Norbert K. hätte. Ich war sehr erstaunt, was dieser Oberleutnant alles über mich wusste. Als er das Zimmer verlassen hatte, grinsten die Gefreiten und sagten mir, dass dies der Oberleutnant von der Stasi aus dem Bataillon in Kaltennordheim sei. Er wüsste mehr über mich, als ich mir denken könnte. Ein weiteres Erlebnis, wie weit die Überwachung und Kontrolle auch auf der Kompanie ging, war die plötzliche Versetzung eines Postenführers nach Kaltennordheim. Der Grund seiner Versetzung war ein Beschwerdebrief des 27-jährigen Diplomphy-

Wanderer mit herrlichem Fernblick

sikers und jungen Familienvaters aus Jena. In dem Brief an den Staatsratsvorsitzenden Erich Honecker beschwerte er sich über seine schlechten Wohnverhältnisse in Jena für seine dreiköpfige Familie. Das MfS sah nun ein Risiko für eine mögliche Fahnenflucht, deshalb wurde er versetzt.

Für mich ungeklärt ist es, wie vom MfS angeworbene informelle Mitarbeiter (IM) unter den Soldaten ihre Berichte für das MfS unbemerkt von den Kameraden auf dem Zimmer verfassen konnten? Ein „regelmäßiges Herausziehen" aus dem normalen Dienst von einzelnen Soldaten, damit sie in Ruhe ihre Berichte verfassen konnten, habe ich nicht beobachtet. Meistens saßen wir nach Dienstschluss auf der Bude zusammen, tranken Kaffee oder Vita Cola, manchmal auch mit Schuss, denn wir hatten immer irgendwo in der Bude Schnaps parat. Wir spielten Karten, hörten Radio, unterhielten uns oder schrieben fast täglich Briefe nach Hause. All dies geschah fast immer gemeinsam am Tisch auf der Bude. So konnte jeder sehen, was der andere schrieb. Eine mögliche Erklärung, wie die schriftlichen Berichte unbemerkt von den Kameraden zustande gekommen sein könnten, berichtete mir später auf einem Grenzertreffen in Frankenheim mein ehemaliger Zugführer. Er sagte zu dem Thema, dass ihm manchmal beim Stubendurchgang aufgefallen sei, dass bestimmte Soldaten lieber auf ihrem Bett sitzend schrieben, um vielleicht nicht von den anderen dabei gestört oder abgelenkt zu werden? Das könnte eine mögliche Erklärung dafür sein, wie die konspirativen Berichte der IMs unbemerkt von den Zimmerkameraden geschrieben worden sein könnten.

Trotz dieses erheblichen Aufwandes durch das MfS gelang es nicht, Fahnenfluchten zu verhindern. *Während meiner Dienstzeit an der Grenze versuchten nur ein bis zwei Promille der Grenzsoldaten zu fliehen.* Das zeigt, dass die Aktion „Grün" und die halbjährliche „Filterung" der Soldaten und Unteroffiziere durch das MfS in den Grenzkompanien relativ gut funktionierte. Auch hier spielte die wahnhafte Angst des MfS vor erfolgreichen Republikfluchten von Grenzsoldaten und Einwohner des Grenzgebietes und deren mediale Auswertung in den Westmedien eine entscheidende Rolle. Erwähnt werden muss in diesem Zusammenhang, dass die Rekrutierung von IM unter den Einwohnern des Grenzgebietes durchaus auch mit Nötigung oder Erpressung erfolgte und keinesfalls nur auf freiwilliger Basis stattfand. Besonders hoch war der Anteil der IM unter den Erwachsenen in den beiden Schutzstreifendörfern Birx und Melpers. Hier kam Anfang der 60er Jahre auf weniger als zehn Erwachsene im Dorf ein informeller Mitarbeiter des MfS. Im übrigen Grenzgebiet wird der Anteil der IM und hauptamtlicher Mitarbeiter an der Bevölkerung auf ca. 1:30 geschätzt, der Durchschnitt der DDR lag bei 1:80.

Ein anderes Thema, das nicht direkt mit dem Wirken des MfS in den Grenztruppen zu tun hat, möchte ich an dieser Stelle kurz erwähnen. Seit Beginn der 50er Jahre wurden zur Unterstützung der Grenztruppen „Freiwillige Helfer der Deutschen Grenzpolizei" und „Freiwillige Helfer der Grenztruppen" angeworben. Ob die Tätigkeit als Freiwilliger Grenzhelfer immer ganz freiwillig war, sei dahingestellt. Oftmals wur-

Abbau des Streckmetallzauns um das Dorf Birx

den diese Helfer zu Hinterlandsstreifen im Grenzgebiet und zu Ortsstreifen in den Dörfern eingesetzt, um unbekannte ortsfremde Personen zu melden oder sofort festzunehmen. Ihre Aufgabe war es auch, unter der Bevölkerung im Grenzgebiet die Ohren offen zu halten, um potenzielle Grenzverletzer im Vorfeld dingfest machen zu können. *Wir Grenzsoldaten hatten wenig Kontakt zu den Freiwilligen Grenzhelfern, der kam nur an den Schlagbäumen zum Schutzstreifen zustande, denn bis dorthin durften die Grenzhelfer Streife laufen. Aus Gesprächen nach meiner Dienstzeit an der Grenze mit Bewohnern aus Frankenheim und Birx habe ich erfahren, dass die Grenzhelfer bei den Einwohnern nicht unbedingt beliebt waren, weil diese bestimmte Vorteile (Passierscheine für Verwandte oder gute Freunde, bevorzugte Versorgung mit Baumaterial und andere Vergünstigungen) und auch eventuell eine kleine Vergütung in Form von Geldprämien für ihre Tätigkeit als Grenzhelfer erhielten.* Des Weiteren mussten manche Einwohner Grenzhelfer werden, weil sie sonst berufliche Nachteile erfahren hätten, z.B. als Steiger (Brigadeleiter) im Kalischacht in Merkers, als Brigadeleiter im Forstwirtschaftsbetrieb, als Lehrer an der örtlichen Polytechnischen Oberschule (POS) oder als Brigadeleiter in der LPG. *Ich hatte ein-*

oder zweimal Kontakt mit den freiwilligen Grenzhelfern aus Frankenheim und Birx, als ich Unteroffizier vom Dienst war. Der Kompaniechef hatte die freiwilligen Grenzhelfer in sein Dienstzimmer zu Besprechungen eingeladen. Es ist wie immer im Leben, alles hat oftmals zwei Seiten, die man beurteilen muss, um zu einem halbwegs objektiven Ergebnis zu kommen.

Um noch effektiver die Grenztruppen zu überwachen, wurde 1984 in den Grenzkreisen der DDR ein sogenannter „Grenzbeauftragter" als Offizier in der Kreisdienststelle des MfS installiert, der auch direkt auf die Kommandeure der Grenzkompanien Einfluss nehmen konnte und mit den Organen der Volkspolizei im Kreis sowie mit der Abteilung Inneres beim Rat des Kreises eng zusammenarbeitete. Auch gegenüber Betriebsleitern aus LPG, Forstwirtschaftsbetrieben und anderen örtlichen Betrieben im Grenzgebiet war er weisungsberechtigt. Aus Berichten und Gesprächen mit ehemaligen Offizieren und Kompaniechefs der Grenzkompanien ist bekannt, dass sie die Installation des „Grenzbeauftragten" als weitere Bevormundung und Gängelei durch das MfS empfanden. Auch in den grenznahen Orten wirkte das MfS zur vorbeugenden Vereitelung von Republikfluchten mit. Hier wurden zahlreiche IM angeworben und auch die freiwilligen Grenzhelfer wurden durch das MfS teilweise kontrolliert und angeleitet.

Ein besonders trauriges Kapitel des Zusammenwirkens des MfS mit den SED- und Staatsorganen fand in den 50er und 60er Jahren statt, als die Aktionen „Ungeziefer" und „Kornblume" durchgeführt wurden. Bei diesen Aktionen wurden ganze Dörfer im Schutzstreifen geschleift, als „staatsfeindlich" identifizierte Familien aus dem Grenzgebiet und dem Schutzstreifen zwangsausgesiedelt und enteignet. Der Schutzstreifen war ein etwa 500 m breiter Streifen im Grenzgebiet unmittelbar vor der Grenze, für den gesonderte Sicherheitsbestimmungen galten. Außer den Angehörigen der Grenzpolizei und den Grenztruppen durften nur Personen den Schutzstreifen betreten, die über einen besonderen Passierschein verfügten. Bewohnern des Grenzgebietes war der Zutritt zum Schutzstreifen nicht gestattet. *Die Einwohner von Birx und Melpers hatten in ihrem Personalausweis einen Stempel, der sie als Bewohner des Schutzstreifens auswies.*

All dies verdeutlicht, dass das MfS an der Grenze nahezu nur nach innen gerichtet repressiv wirkte und dabei mit allen zur Verfügung stehenden Mitteln agierte.

Die Grenzaufklärer in den Grenzkompanien

Wenn über das Wirken des MfS in den Grenztruppen und im Grenzgebiet gesprochen wird, muss man auf die besondere Dienststellung der Grenzaufklärer (GAK) in den Grenzkompanien eingehen.

Vorläufer der GAK wurden auf Geheiß des MfS-Generals Karl Kleinjung seit 1968 gebildet. Sie rekrutierten sich zuerst aus sogenannten Einsatzkompanien des MfS in den Grenztruppen. Sie wurden offiziell in die militärische Struktur der Grenztruppen seit 1971 integriert. Als Grenzaufklärer kamen nur vom MfS vorher handverlesene Unteroffiziere in Frage, welche aus „politisch gefestigten Familien" stammten, die eine positive Einstellung zur SED und DDR hatten, die keinerlei Westverwandtschaft oder Kontakte in das Nicht-Sozialistische-Wirtschaftsgebiet (NSW) hatten, Mitglied der FDJ und der SED waren, die als gesellschaftlich zuverlässig eingeschätzt wurden und eine abgeschlossene Berufsausbildung vorwiesen.

Vorrangig als Grenzaufklärer ausgebildet wurden jungverheiratete Unteroffiziere, die bereits Kleinkinder in der Familie hatten.

Die Ausbildung dieser frühen Grenzaufklärer erfolgte ab Mitte der 60er Jahre auf der Insel Stintenburg im Schaalsee bei Zarrentin für den norddeutschen Grenzbereich und in Heldburg ab 1968 sowie ab 1971 – offiziell – in der Grenzaufklärerschule in Schiedungen bei Nordhausen und ab 1985 in Speziallehrgängen an der Offiziershochschule (OHS) der Grenztruppen in Suhl. Die Ausbildung erfolgte meist durch hauptamtliche Mitarbeiter des MfS in Grenztruppenuniform. Die harte und umfassende Spezialausbildung dauerte 6 Monate. Die GAK waren immer Berufsunteroffiziere mit einer Dienstzeit von mindestens 10 Jahren. Mit Einführung des Dienstgrads Fähnrich in der NVA und den Grenztruppen wurde die Dienstzeit auf mindestens 15 bis maximal 25 Jahre erhöht.

Jeder Grenzaufklärer hatte vor Beginn seiner Ausbildung an der Grenzaufklärerschule eine Verpflichtungserklärung als informeller Mitarbeiter (IM) des MfS zu unterzeichnen. Ein kleiner Teil der GAK war hauptamtlicher Mitarbeiter des MfS in Grenztruppen-Uniform. In den Grenzkompanien waren sie dem Kompaniechef direkt unterstellt sowie dem Oberoffizier Aufklärung im Bataillon und dem Offizier der V2.000. Fast alle GAK wurden ausschließlich durch die V2.000, nach einer tadellosen Dienstzeit zu Einsätzen feindwärts, also vor dem letzten Grenzzaun, auf dem

Grenzaufklärer mit Diensthund

vorgelagerten Hoheitsgebiet der DDR bestätigt. Zu Beginn der 70er Jahre hatte jede Grenzkompanie mindestens einen GAK in der Struktur. Anfang der 80er Jahre waren es dann 4-6 GAK. Zur Ausrüstung eines Grenzaufklärers gehörte die Doppelbewaffnung (MPi und Dienstpistole), hinzu kamen ein Krad, ein Diensthund (Klasse Schutzhund) und hochwertige Fototechnik. Die tägliche Grenzdienstzeit betrug 7 Stunden, da für die Pflege und Betreuung des Diensthundes und des Kfz auch Zeit benötigt wurde. Die Aufgaben eines GAK waren sehr vielfältig und können hier im Folgenden nur kurz skizziert werden.

Im Grenzgebiet

- Einsatz als Grenzstreife im Grenzgebiet zur „Hinterlandaufklärung" z.B. Observierung verdächtiger unbekannter Personen, Kontrolle von Versteckmöglichkeiten;
- Kontakt zur örtlichen Bevölkerung im Grenzgebiet, zum Abschnittsbevollmächtigten der Volkspolizei (ABV) und zu staatlichen Vertretern wie den Bürgermeistern der Grenzgemeinden;
- Anwerbung, Ausbildung und Kontrolle von Freiwilligen Helfern der Grenztruppen (FHG);

- Informationsbeschaffung unter den Einwohnern des Grenzgebiets;
- Koordinierung der Einsätze der Volkspolizei und der FHG im Grenzgebiet;
- Kontrolle in den Grenzgemeinden (Einhaltung der Sicherheitsbestimmungen, z.B. angeschlossene Leitern);
- Kontrolle von Versteckmöglichkeiten im Grenzgebiet z.B. Scheunen, Stallanlagen, Gebäuderuinen u.a.;
- Kontrolle auf Beschädigungen oder Defekte am Grenzsignalzaun;
- Einweisung und Kontrolle von Angehörigen der Grenztruppen (AGT) auf deren Postenpunkten der „Hinterlandsicherung".

Im Schutzstreifen

(500 bis 1.000m-Bereich bis zum letzten Grenzzaun)

- Einsatz als Grenzstreife mit Posten;
- Einsatz (allein) als Beobachtungs- und Horchposten;
- Kontrolle auf Beschädigungen oder Defekte am Grenzzaun mit Splitterminenanlage;
- Überprüfung von Grenzposten und Grenzstreifen während des Grenzdienst („Aufklatschen von Grenzsoldaten" relativ selten);
- Einsatz mit Posten zur Spurensuche am 6m-Kontrollstreifen;
- Einsatz zur Täuschung und Beobachtung des Gegners.

Den Sperranlagen vorgelagertes Hoheitsgebiet der DDR („Vorgelagertes")

- Einsatz bei Grenzstreifen (mindestens zu zweit oder zu dritt) zur Kontrolle der Grenzsicherungsanlagen und der Grenzmarkierungen (Grenzsteine und Grenzsäulen);
- Einsatz (zu zweit oder zu dritt) als Beobachtungs- und Horchposten zur Dokumentation von Handlungen auf dem Gebiet der Bundesrepublik;
- Festnahmen des Gegners auf dem Hoheitsgebiet der DDR.

Auswertung der Aufklärungsergebnisse

Die Auswertung der Aufklärungsergebnisse erfolgte gegenüber dem Kompaniechef, dem Offizier Aufklärung und dem Verbindungsoffizier der V 2.000 im Bataillon.

Grenzsignalzaun

Insgesamt war ein GAK ca. 55% seiner Dienstzeit im Grenzgebiet zur „Hinterlandsicherung" eingesetzt, ca. 30% der Zeit als Grenzstreife, Horch- oder Beobachtungsposten im Schutzstreifen und auf dem „Vorgelagerten" sowie ca. 15% der Dienstzeit zur Dokumentation (inkl. Fotolabor) und Pflege des Diensthundes.

Nach 1990

Unsere Recherchen in den Unterlagen der BStU haben ergeben, dass ab 1991 ein kleiner Teil der ehemaligen Grenzaufklärer mit gefälschten oder nicht mehr auffindbaren Kaderunterlagen (Personalunterlagen) in den Bundesgrenzschutz (BGS) und später in die Bundespolizei übernommen wurde. 1991 war eine gründliche Überprüfung der ehemaligen GAK bei der Gauck-Behörde wegen nicht ausgewerteter Unterlagen noch nicht möglich. In späteren Jahren, z.B. ab dem Jahr 2000, erfolgte seitens des BGS oder der Bundespolizei offenbar keine weitere Überprüfung der übernommenen GAK bei der Gauck-Behörde (BStU). In anderen Behörden war dies der Fall. Warum eine solche nochmalige spätere Überprüfung auf eine Tätigkeit als IM oder hauptamtlicher Mitarbeiter des MfS bei der Gauck-Behörde unterblieb, darüber kann nur spekuliert werden.

Das Schicksal der Grenzkompanien (Gebäude und Grundstücke)

Die Gebäude der Kompanien lagen aus Gründen der militärischen Geheimhaltung und Abschirmung vor zu neugierigen Blicken der Einwohner und Dritter meist etwas außerhalb der Ortschaften. Die einzige Kompanie, die sich nahezu am Ortsrand befand, war die Kompanie Stedtlingen. Alle anderen Kompanien im Bataillon Kaltennordheim befanden sich mindestens einen Kilometer vom jeweiligen Dorf entfernt. Bei den Kompanien handelt es sich meist um Typenprojekte, die Ende der 60er oder zu Beginn der 70er Jahre erbaut wurden. Es waren dreigeschossige Plattenbauten: Im Erdgeschoss befanden sich der Eingangsbereich, der Speiseraum, die Küche, die Waffenkammer, das UvD-Zimmer, die Dienstzimmer der Offiziere (KC und stv. KC) und das Zimmer des Hauptfeldwebels. Auf den beiden oberen Etagen befanden sich der Politschulungs- und Fernsehraum sowie die Zimmer der Soldaten, wobei sich sechs Soldaten ein Zimmer teilten, und die Zimmer der Unteroffiziere auf Zeit, die zu zweit untergebracht waren. Im Kellergeschoss befanden sich der Fotoraum und das Fotolabor der Grenzaufklärer, der Raum des Nachrichtenunteroffiziers der Kompanie, der Heizungskeller, der Aufenthaltsraum des Hausmeisters der Kompanie, die Arrestzelle für Flüchtlinge sowie die Verkaufsstelle der Militärhandelsorganisation (MHO), in der die Soldaten einmal wöchentlich Waren des täglichen Bedarfs wie Vita Cola, Schokolade, Kekse oder Zigaretten kaufen konnten. Im Kellergang waren an der Wand die Klapptische für das Waffenreinigen angebracht.

Im Außenbereich befanden sich die Garagen, der Hundezwinger und eine Tankstelle für die Kraftfahrzeuge. Die Offiziere und Berufssoldaten hatten Einzelzimmer, wenn sie als Offizier vom Dienst (OvD) Dienst auf der Kompanie hatten. Mit ihren Familien wohnten sie fast immer direkt am Ortsrand in neu errichteten Mehrfamilienhäusern in Plattenbauweise, im Soldatenjargon die „Buckelburgen" genannt. Buckel war eine abwertende Bezeichnung für Offiziere und Berufsunteroffiziere, welche wegen der Last der sie drückenden Dienstjahre einen sogenannten „Tagebuckel" bekamen. An der dorfuntypischen Bauweise der Häuser am Ortsrand konnte man diese Objekte und deren Bewohner sofort erkennen.

Fast alle ehemaligen Kompanien hatten das gleiche Schicksal nach der Wende. Mangels entsprechender Anschlussverwendung nach der Wende und in Folge mangelnder Finanzmittel der zuständigen Gemeinden wurden die Kompanien abgerissen. Das einzige Kompaniegebäude, das noch in seiner Grundstruktur mit fast allen Nebengebäuden erhalten geblieben ist, ist das in Kaltenwestheim auf dem Weidberg. Das Kompaniegebäude ist in einem notwendigen minimalen Unterhaltungszustand und wird als preiswerte Unterkunft für meist junge Gäste genutzt. Es kann nach telefonischer Anfrage bei der Leitung des Campingplatzes auf dem Gelände eventuell besichtigt werden. Die Freiflächen der ehemaligen Kompanie werden als Campingplatz genutzt.

An der ehemaligen Grenzübergangsstelle (GÜST) auf der Höhe der Schanz ist die alte Führungsstelle der Sicherungskompanie (SIK) als Ruine noch vorhanden, ebenso die zugemauerte Ruine des Gebäudes der Sicherungskompanie der GÜST. In Hermannsfeld findet man im Wald neben der Straße von Hermannsfeld nach Henneberg unmittelbar beim Bushaltestellenschild noch das verwahrloste Kompaniegebäude. Ein Betreten und Besichtigen der ehemaligen Kompanie ist nicht möglich, da das Grundstück noch durch den intakten alten Zaun der Kompanie und ein verschlossenes Tor gesichert wird. Das ehemalige Wohnhaus der Offiziere und Berufssoldaten direkt an der Straße ist noch bewohnt.

Das Kompaniegebäude in Stedtlingen, das sich nahe am Ortsrand befand, wurde zu einem modernen Mehrfamilienhaus nach der Wende umgebaut. Wer es vorher kannte, erkennt es heute kaum wieder.

In Helmershausen wurde das Gebäude der ehemaligen Pionierkompanie nach der Wende abgerissen.

Die Kompanie in Frankenheim wurde zu Beginn der 90er Jahre komplett abgerissen. Heute steht dort eine Schinkentrocknungsanlage.

Das Kompaniegebäude in Erbenhausen war jahrelang ungenutzt und verwahrlost. Es befand sich in einem desolaten baulichen Zustand. Ab 2019 versuchten zwei Brüder aus Freiburg im Breisgau, es zu sanieren. *Bei meinem letzten Besuch im Mai 2022 musste ich leider feststellen, dass das sehr mutige Projekt der beiden jungen Männer möglicherweise gescheitert ist, da die Baustelle vernagelt war und die Bauarbeiten offensichtlich vor längerer Zeit eingestellt wurden.*

Ein ähnliches Schicksal hat das in einer schönen Wiesenlandschaft gelegene Kompaniegebäude in Andenhausen auf dem Katzenstein erfahren. Das Gebäude hat eine Privatperson erworben und es systematisch verkommen lassen. Das Gebäude ist vollkommen marode und auf dem Grundstück befinden sich Autowracks,

Küsschen zur Grenzöffnung

diverser Müll und Bauschutt. Die Ratten scheinen sich dort besonders wohlzufühlen.

Einzelne Gebäude des ehemaligen Grenzbataillons in Kaltennordheim existieren noch, aber der Gesamtkomplex als solcher nicht mehr.

Es ist sehr schade, dass sich nach der Wende kein Investor z.B. für die Kompanie in Andenhausen auf dem Katzenstein fand, der das Gebäude sinnvoll sanierte und einer zeitgemäßen Nutzung, z.B. als Jugendherberge oder Landschulheim zuführte. Als Flüchtlingsunterkünfte oder Pflegeheime sind die Objekte aufgrund ihrer meist ortsfernen Lage nicht nutzbar. Als klassische Hotels können sie auch nicht umgebaut werden, weil die Kosten des Umbaus zu hoch wären. Letztendlich werden die noch vorhandenen, meist baufälligen Objekte irgendwann abgerissen werden. So geht wiederum ein Stück ehemaliger Grenzgeschichte verloren.

Der Friedensweg entlang des Grünen Bandes von Henneberg bis Birx

Der Friedensweg entstand 1991 auf Initiative des Vereins „Bürger für sanften Tourismus in Hermannsfeld e.V.". Er führt entlang der ehemaligen innerdeutschen Grenze durch die Rhön, auch das „Land der offenen Ferne" wegen seiner wunderbaren Fernsichten genannt . Die Rhön ist ein kleines Mittelgebirge im Zentrum Deutschlands, liegt im Drei-Länder-Eck von Thüringen, Bayern und Hessen und erstreckt sich im Norden vom thüringischen Vacha im Werratal bis zum bayrischen Bad Brückenau im Süden und dem hessischen Fulda im Westen bis zum thüringischen Meiningen im Osten.

1991 wurde die Rhön von der UNESCO als Biosphärenreservat anerkannt und umfasst eine Fläche von insgesamt 184939 Hektar. Das Biosphärenreservat ist in drei Zonen eingeteilt. In der Kernzone, z.B. beim Schwarzen Moor, dürfen keine menschlichen Eingriffe vorgenommen werden. Das Wandern dort ist nur auf den vorgeschriebenen Wanderwegen erlaubt. In der Pflegezone ist eine eingeschränkte Nutzung, z.B. extensive Weidenutzung, möglich. In der Entwicklungszone des Biosphärenreservates kann eine abgestimmte wirtschaftliche Nutzung zum Teil erfolgen. Dieses Konzept ist beispielhaft für den Schutz, Pflege und Entwicklung dieser Landschaft.

Der Friedensweg verläuft innerhalb des Biosphärenreservats von Henneberg bis Birx. Der zirka 45 km lange Weg ist vollständig mit den weißen F-Zeichen auf blauem Grund gekennzeichnet. Der Wanderweg führt fast immer entlang der einstigen Grenze, dem Grünen Band. Auf dem Dachsberg nahe Hermannsfeld, zu Beginn des Friedensweges, wurde mit dem Weltfriedenskreuz und der ehemaligen Führungsstelle (FüSt) der Kompanie Hermannsfeld ein markanter Erinnerungspunkt an die Grenze geschaffen. Am 3. Oktober 1991 kam es zur feierlichen Einweihung des Friedenskreuzes. In das Kreuz, welches Frieden und Versöhnung symbolisiert, sind die Anfangszeilen des Friedensliedes von Gotthilf Fischer eingeschnitzt.

Der Friedensweg beginnt am Grenzdenkmal „Goldene Brücke" auf der Schanz, einem Höhenzug bei Henneberg. Dort an der Verbindungsstraße von Henneberg nach Eußenhausen wurde 1981 die Grenzübergangsstelle (GÜST) Henneberg-Eußenhausen errichtet, die bis Ende 1989 bestand.

Entlang des Weges stehen insgesamt 41 Tafeln mit Informationen über die vormalige innerdeutsche Grenze mit authentischen Grenzereignissen. Diese wurden inhaltlich konzipiert und erstellt vom Mitautor des Buches, Gerhard Schätzlein. Auf den Friedenswegtafeln wurden besondere Ereignisse und Begebenheiten, die sich im Verlauf der Teilung Deutschlands durch die innerdeutsche Grenze in der Region von Henneberg bis Birx ereigneten, zusammengetragen. Das Anliegen des Friedensweges ist es, an die Teilung und die tödliche Grenze auch viele Jahre nach der Wiedervereinigung Deutschlands zu erinnern. Besonders auch an die Opfer. Der Friedensweg soll, wie es der Name besagt, ein Symbol für den Frieden im geeinten Deutschland sein und ausdrücken, dass nie mehr von deutschem Boden ein Krieg ausgehen soll.

Im Jahr 1992 konnten auch durch Unterstützung der beiden Anrainerkreise Rhön-Grabfeld und Schmalkalden-Meiningen die 41 Friedenswegtafeln installiert werden. Jetzt ist es nach mehr als 30 Jahren an der Zeit, die bestehenden Tafeln zu erneuern und von Birx bis nach Point Alpha bei Geisa noch ca. 20 bis 30 neue Tafeln zu errichten, damit der Friedensweg dann von Henneberg bis zur Gedenkstätte Point Alpha verläuft. Schön wäre es, wenn es gelingen würde, unterstützt durch die Autoren, die mehr als 30 Grenzgeschichten aus ihren Recherchen bei der BStU und den Tagesmeldungen der Grenztruppen zusammengetragen haben, neu zu errichtende Friedenswegtafeln direkt am Grünen Band von Birx bis nach Point Alpha aufzubauen.

Die ersten zehn neuen Friedenswegtafeln wurden bereits inhaltlich und grafisch von uns neu konzipiert und sollen auf dem Gebiet der Gemeinde Rhönblick (Hermannsfeld, Stedtlingen, Helmershausen, Wohlmuthausen) bis 2024 aufgestellt werden.

Die notwendigen Mittel dafür könnten über Zuschüsse der Anrainerkreise Rhön-Grabfeld, Schmalkalden-Meiningen, Fulda und Wartburgkreis, Fördermittel aus Hessen, Thüringen und Bayern sowie über Spenden eingesammelt werden.

GÜSt Henneberg/Eußenhausen - Grenzsäule - Weltfriedenskreuz am Dachsberg - GÜSt Henneberg/Eußenhausen

Wir starten unsere erste Wanderung entlang des Grünen Bandes am Parkplatz (A) der ehemaligen Grenzübergangsstelle (GÜSt) Henneberg-Eußenhausen, die die Stadt Mellrichstadt nach der Wende zu einem kleinen Freilicht-Grenzmuseum umgebaut hat. Dieses Museum dient der Bewahrung, Erinnerung und Mahnung an die innerdeutsche Grenze. An der ehemaligen GÜSt kann man sich die martialischen Sicherungsanlagen für einen Straßengrenzübergang vor Augen führen, wie z. B. einen auf Schienen ausfahrbaren Betonblock, um Grenzdurchbrüche mit Kfz und schweren LKW zu verhindern. Diese werden durch zwei Informationstafeln des Friedensweges erläutert. Die Kontrolle des Personenverkehrs an der GÜSt wurde von einer speziell ausgebildeten Personenkontrolleinheit (PKE) durchgeführt. Dies waren hauptamtliche Mitarbeiter des (MfS), welche die Uniformen der Grenztruppen trugen. Den Grenztruppen der DDR

Tourdaten:

mittelschwer - 8,7 km - 2,5 Stunden - 180 Höhenmeter

Maplibre | © Komoot | Map data © OpenStreetMap-Mitwirkende"

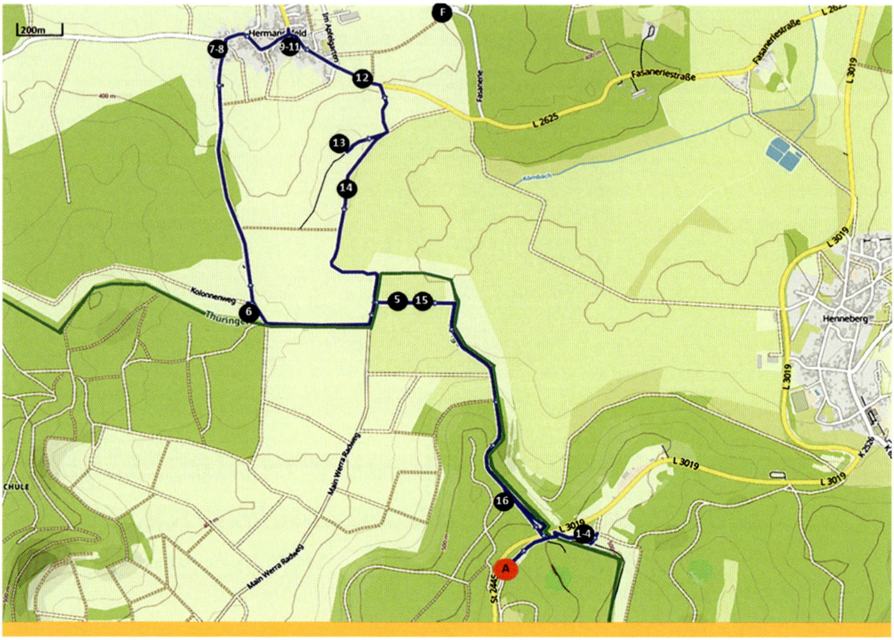

oblag die Sicherung der Grenzabschnitte links und rechts bis unmittelbar zur GÜSt. An der GÜSt selbst gab es eine Sicherungskompanie der Grenztruppen, welcher die Sicherung und Überwachung der GÜSt oblag. Am 10.11.1989, um 03:40 Uhr, öffnete die DDR-Seite hier erstmals den Grenzübergang für den freien Personenverkehr von der DDR in die BRD nach fast 17 Jahren seines Bestehens. Das war für die Einwohner der umliegenden Grenzdörfer auf beiden Seiten ein unvergesslicher Tag.

Von der GÜSt gehen wir ca. 300 m auf einem ausgeschilderten, schmalen Weg zum „Skulpturenpark Deutsche Einheit", dem sogenannten „Goldene Brücke-Kunstprojekt" (1-4). Dort haben verschiedene Künstler Skulpturen, Installationen und Montagen errichtet, die sich mit dem Thema Grenze und Grenzöffnung auseinandersetzen. Das monumentalste Kunstobjekt ist dabei die „Goldene Brücke" mit Werken verschiedener Künstler. Nach der Besichtigung des Skulpturenparks überqueren wir die Bundesstraße B19 direkt am alten Grenzstein des Herzogtums Sachsen-Meiningen und begeben uns erstmals auf das Grüne Band an der „Schanz"; dies ist die Bezeichnung des relativ steil aus der Landschaft aufragenden Berghanges. Wir folgen dem Weg entlang der Beschilderung des Friedenswegs mit dem weißen weißen F auf blauem grund. Auf dem Weg talwärts am Grenzverlauf treffen wir auf die Tafel 4 des Friedenswegs „Flucht mit dem Kehrfahrzeug". Und es bleibt die Frage, warum Major H. wegen Mordes am Grenzpionier Uwe P. nicht nach der Wende verurteilt wurde?

Der Weg im Wald an der Schanz fällt relativ steil ab und erfordert ein wenig Trittsicherheit. Diesen Pfad laufen wir ca. 1 km immer parallel zu den alten nummerierten Grenzsteinen aus dem 19. Jahrhundert, welche seitlich das jeweilige Hoheitszeichen „KB" für Königreich Bayern und „SM" für Sachsen-Meiningen tragen. Auf dem Weg passieren wir die Friedenswegtafel 6 „US-Beobachtungsstützpunkt ‚Kehrspitze'".

Am Fuße der „Schanz" erreichen wir an der Waldkante eine sich öffnende Ebene mit Weiden und Wiesen. Wir folgen den weiteren Friedenswegzeichen und der blauen Wandermarkierung 2. Auf dem Weg (5) haben wir einen schönen Blick aus der Ferne auf das Weltfriedenskreuz und die FüSt der ehemaligen Grenzkompanie Hermannsfeld auf dem Dachsberg. Die Grenzsicherungsanlagen bestanden hier aus dem letzten Sperrelement, ein 3,20 m hohen Streckmetallzaun, der bis Ende 1984 an den Betonpfosten mit Splitterminen bestückt war. Davor lagen der 6m- Kontrollstreifen (K6) und der Kolonnenweg für Kfz. In der vollständigen Ausbaustufe der Grenzanlagen stand in einem Abstand von ca. 500 bis 1.000

GÜSt Eußenhausen 1989

Blick auf Henneberg mit Henneburg auf dem rechten Hügel

m vor dem letzten Grenzzaun ein ebenfalls 3,20 m hoher Grenzsignalzaun (GSZ) aus Streckmetall mit elektrisch verdrahteten Abweisern, die beim Übersteigen und Berühren in der jeweiligen FüSt Grenzalarm auslösten. An Zuwegen zum letzten Sperrelement, die mit Kfz befahrbar waren, befand sich auch ein Kfz-Sperrgraben. Darüber hinaus auch an allen Abschnitten der Grenze, wo es die Topografie und die geologischen Gegebenheiten zuließen. Bei Alarmauslösung am Grenzsignalzaun rückte die Alarmgruppe (A-Gruppe) der jeweiligen Grenzkompanie aus, um den Flüchtling am Kolonnenweg vor dem letzten Grenzzaun zu erwarten und festzunehmen. Von der Alarmauslösung bis zur Absicherung am Grenzzaun sollten nicht mehr als 10 bis 15 Minuten Zeit verstreichen. In den meisten Fällen einer Alarmauslösung handelte es sich glücklicherweise um Fehlalarme des Grenzsignalzauns wegen technischer Defekte, z.B. bei Gewitter, durch herabfallende Äste bei starkem Wind oder Auslösung durch Tiere. Wie mag sich wohl ein unter absolutem Stress stehender Flüchtling gefühlt haben, der unentdeckt auf der Flucht

Skulpturenpark und Goldene Brücke

bis hierhergekommen war, als er den Grenzsignalzaun aus Streckmetall als fast unüberwindbares Hindernis sah?

Unser Wanderweg führt uns jetzt weiter entlang der Felder erst in nördlicher Richtung und dann links abbiegend Richtung Wald auf einer Strecke von ca. 1,3 km bis zum Schild der Landesgrenze Bayern/Thüringen, Bäderlandkreis Rhön-Grabfeld/Landkreis Schmalkalden-Meiningen. Wir überqueren die Straße von Hermannsfeld nach Völkershausen. In unmittelbarer Nähe dort setzen wir die Wanderung am deutlich erkennbaren Kolonnenweg noch ein kurzes Stück fort. Hier gibt es einen Picknickplatz.

Etwas südlich vom Kolonnenweg steht eine originalgetreue Grenzsäule der DDR als Nachbau (6). Sie befand sich zu DDR-Zeiten hinter der letzten Grenzsperre noch ca. ein oder zwei Meter vor der Staatsgrenze zur Bundesrepublik. Jede dieser Grenzsäulen aus Beton mit standardisierten Abmessungen hatte eine mit ihr fest verbundene Metallplatte mit dem Emblem der DDR und der Beschriftung „Deutsche Demokratische Republik". In der Regel einmal monatlich wurden die Grenzsäulen und der letzte Grenzzaun auf dem sogenannten „vorgelagerten Gebiet" durch Offiziere, besondere vom MfS bestätigte Berufsunteroffiziere, Unteroffiziere auf Zeit oder Soldaten auf Beschädigungen kontrolliert. Die Auswahl dieser Unteroffiziere und Soldaten erfolgte durch die Abteilung V2.000 des MfS in den

Kfz-Sperre GÜST

Grenztruppen. Sie waren durch das MfS als sogenannte „A-Kräfte" für „Einsätze feindwärts" besonders bestätigt und wurden einmal jährlich überprüft.

In diesem Abschnitt der ehemaligen Grenze ist links vom Kolonnenweg noch ein ca. 30-50 m breites Band zu erkennen, auf dem nur jüngere Bäume und größere Sträucher wachsen. Hier waren der 6m-Kontrollstreifen und die Minensperre in ihren verschiedenen Ausprägungen zu DDR-Zeiten an der Grenze angelegt. Der Kolonnenweg, den wir hier nicht weitergehen, weist einige Steigungen auf, die vor mehr als 30 Jahren mit den Fahrzeugen der Grenztruppe, insbesondere im Winter nur schwer zu bewältigen waren.

Dort am Schild folgen wir in nördlicher Richtung einem Feldweg, dem Main-Werra-Radweg, der direkt zum kleinen Dorf Hermannsfeld führt (7-8). Im Dorf angekommen, geht es rechts in die „Wassergasse", der man ins Dorfzentrum bis zur Hauptstraße („Straße im Hinterdorf" „Straße im Oberdorf") folgt (9-11).

Wir durchqueren das kleine beschauliche Rhöndorf und gehen Richtung Ortsausgang. Dort folgen wir ca. 250 m der Straße (12) und biegen dann nach rechts ab, wo wir die FüSt der ehemaligen Grenzkompanie Hermannsfeld auf dem Dachsberg vor uns liegen sehen. Wir folgen 200 m dem Weg, biegen rechts ab und erreichen die FüSt am Dachsberg. Neben der ehemaligen FüSt wurde nach der Wende das weithin sichtbare Weltfriedenskreuz (13) errichtet. Auf dem Dachsberg zeigen mehrere große Erläuterungstafeln den Ausbau der Grenzsicherungsanlagen der DDR in Etappen bis zum Jahr 1989. Von der FüSt erfolgte durch einen diensthabenden Offizier oder Berufsunteroffizier die Führung des diensthabenden Zuges der Kompanie im gesamten Grenzabschnitt. Mit Beginn der70er Jahre bis 1984 war die Grenze in diesem Abschnitt mit Grenzsignalzaun aus Streckmetall sowie einem 3,20 m hohen Grenzzaun aus Streckmetall mit freundwärts gerichteten Abweisern ausgebaut. Der Grenzzaun war bestückt mit Splitterminen und nahezu unüberwindbar, ohne schwerste Verletzungen zu riskieren. Vom Dachsberg führt uns unser Weg in südlicher Richtung durch die Wiesen und Weiden (14-15) entlang des Friedensweges wieder zurück bis zum Anstieg der Schanz. Über den Weg entlang an der ehemaligen Grenze durch den Mischwald auf der Schanz (16) kommen wir zurück auf die Verbindungsstraße Henneberg-Eußenhausen und zum Parkplatz.

Am Ende der Wanderung sollte man nicht vergessen, dem Dorf Henneberg mit seiner schönen Fachwerkkirche, eine vorherige telefonische Anmeldung bei der Pastorin zur Besichtigung ist notwendig, und der Ruine der Henneburg, dem Sitz des einst mächtigen Thüringer Grafengeschlechts der Henneberger, einen Besuch abzustatten.

Eine Pause kann man auch in der stilvollen Gaststätte des ehemaligen Jagdschlosses „Fasanerie" (F) bei Hermannsfeld, an der Verbindungsstraße zwischen Henneberg und Hermannsfeld gelegen, einlegen und dort sowohl zur Mittagsrast als auch zur Kaffeepause einkehren. Die Zufahrt zur Fasanerie an der Straße ist ausgeschildert.

Die Flucht des Sohnes des 1. Sekretärs der SED-Kreisleitung Meiningen

Am 15.10.1963 ereignete sich hier eine bemerkenswerte Flucht von zwei Jugendlichen. Der 16jährige Schüler Jürgen B. und der 17jährige Lehrling Helmut E., beide aus Meiningen stammend, überwanden die Minensperre im Grenzabschnitt zwischen Henneberg und Hermannsfeld unverletzt. Helmut war der Sohn des 1. Sekretärs der SED-Kreisleitung Meiningen. Sein Vater, Walter E., war Geburtsjahrgang 1922 und ist nachweislich 1942 freiwillig in die NSDAP eingetreten. Dieser Fakt sagt alles über die Kaderpolitik und Kaderqualität der SED nach deren Gründung 1946 aus. Politische Wendehälse hatten

Dachsberg

nach 1945 in der sowjetischen Besatzungszone bei opportunistischem Wohlverhalten der kommunistischen Führungsspitze gegenüber beste Chancen, im neuen „antifaschistischen Gesellschaftssystem" wieder Karriere zu machen. Ihre politische Vergangenheit im NS-System wurde oftmals wissentlich und zielgerichtet ausgeblendet.

Jürgen war ein Schulfreund von Helmut. Als Fluchtgrund sagte Jürgen später aus, Helmut hätte in seinem Ausbildungsbetrieb in Suhl einen Diebstahl begangen und die Polizei würde nach ihm suchen. Beide Jugendliche kamen von Meiningen unbemerkt ins Grenzgebiet, inwieweit sie dort über konkrete örtliche Kenntnisse verfügten, ist nicht bekannt. Jürgen verblieb nicht lange in der BRD und kehrte recht bald in die DDR zurück. Der Vater von Helmut verlor Anfang 1964 infolge der bekanntgewordenen Flucht seines Sohnes die Funktion als 1. Sekretär der SED-Kreisleitung und erhielt vermutlich eine Parteistrafe. Danach war er Mitarbeiter im Staats- und Parteiapparat. Helmut kehrte im Frühjahr 1964 freiwillig in die DDR zurück und erhielt dafür keine Gefängnisstrafe. Acht Monate später, am 5.12.1964, flüchtete Helmut als Initiator mit vier anderen Jugendlichen aus Meiningen nochmals in die BRD und verblieb ein Jahr dort. Aus den Unterlagen des MfS, welches die zweite Flucht akribisch untersuchte, geht hervor, dass er aufgrund seiner vermuteten (oder auch unterstellten) Glücksspielsucht nicht in der Bundesrepublik wirtschaftlich Fuß fassen konnte. Er kehrte Mitte 1966 freiwillig in die DDR zurück. Er erhielt dafür nunmehr eine vierjährige Haftstrafe, wovon er drei Jahre im Strafvollzug verbüßte. Danach erhielt er ein 10jähriges Aufenthalts- und Wohnverbot für Meiningen. Mitte der 70er Jahre durfte er wieder in Meiningen arbeiten und wohnen. Welche Gründe ihn zu einer zweiten Flucht und der Rückkehr in die DDR bewogen, ist unbekannt, da er wusste, dass ihn nach der zweiten Flucht eine mehrjährige Haftstrafe in der DDR erwarten würde.

WANDERUNG 2

Jagdschloss Fasanerie - Grenzsäule - Am Grünen Band - Hermannsfeld - Jagdschloss Fasanerie

Wir starten unsere zweite Rundwanderung am Parkplatz des ehemaligen Jagdschlosses „Fasanerie" der Fürsten von Sachsen-Meiningen, das heute eine stilvolle Gaststätte beherbergt (A).

Wir wandern in westlicher Richtung und sehen das Dorf Hermannsfeld vor uns. Bevor wir das Dorf erreichen, biegen wir nach 400 m nach links ab, kommen zur Hauptstraße, der wir 40 m nach links folgen, bevor wir nach rechts in die Wiesen abbiegen. Wir sehen schon die FüSt (1) und das Weltfriedenskreuz, an denen wir uns orientieren, ebenso an den Wanderzeichen des Friedensweges (weißes F auf blauem Grund). Die Gemeinde Rhönblick plant mit Fördermitteln des Landes Thüringen die ehemalige FüSt als Übernachtungsmöglichkeit für Wanderer am Grünen Band herzurichten. Sie kann von außen besichtigt werden, nur mit sehr viel Glück ist sie geöffnet, und dann hat man von der oberen Etage eine wunder-

Tourdaten:

mittelschwer - 13,7 km - 4 Stunden - 190 Höhenmeter

Maplibre | © Komoot | Map data © OpenStreetMap-Mitwirkende"

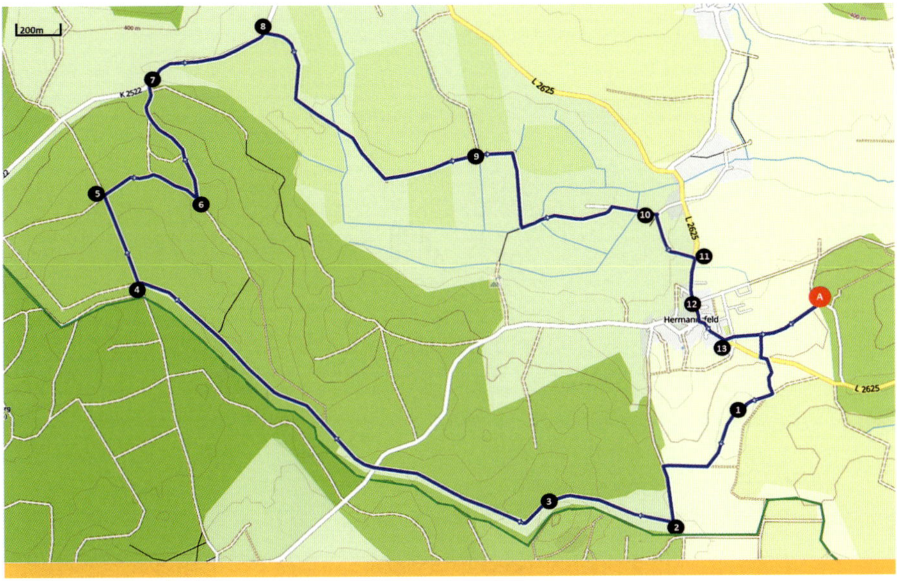

Jagdschloss „Fasanerie"

FüSt mit Bunker

bare Rundumsicht auf die Schanz, die Hohe Schule (538 m) im Rhön-Grabfeld-Kreis sowie in Richtung Henneberg und Stedtlingen/Helmershausen auf Thüringer Seite. Verschiedene Tafeln informieren über den Grenzausbau und das Weltfriedenskreuz.

Von der FüSt gehen wir in südwestlicher Richtung weiter durch die Wiesen und kommen nach 1 km zur Grenzsäule (2).

An der rekonstruierten Grenzsäule angekommen, folgen wir dem hier gut erkennbaren Kolonnenweg am Grünen Band in Richtung Stedtlingen. In diesem Abschnitt der ehemaligen Grenze ist links vom Kolonnenweg noch ein ca. 30–40 m breites Band zu erkennen, auf dem nur jüngere Bäume und größere Sträucher wachsen. Hier waren der K6, Sechsmeter-Kontrollstreifen, und die Minensperre, die in verschiedenen Ausprägungen zu DDR-Zeiten überall an der innerdeutschen Grenze ausgebaut waren. Der Kolonnenweg weist nun einige kleinere Steigungen auf, die vor mehr als 30 Jahren mit den Fahrzeugen der Grenztruppen, insbesondere im Winter, nur schwer zu bewältigen waren. Um an diesen geländetechnisch schwierig zu befahrenden Abschnitten eine Zufahrt zur Grenze zu ermöglichen, gab es eine Reihe von weiteren Zufahrten zur Grenze.

Unser Weg auf dem Kolonnenweg führt uns durch schöne Mischwaldbestände, vornehmlich alte Buchen, Ahorn, Eschen und Fichten. In diesen Wäldern gab es vor 47 Jahren nur sehr vereinzelt Wildkatzen. Heute haben sich die Bestände wieder stabilisiert, sie sind aber trotzdem noch sehr selten.

An dieser Stelle möchte ich daran erinnern, dass insbesondere die Nachtschichten an der Grenze in der Rhön, „Kanten" im Grenzerjargon genannt, sehr lang und zermürbend waren. Die Witterungsbedingungen taten ihr Übriges, um die Nächte unendlich lang und unangenehm werden zu lassen. Um nach Mitternacht wach zu bleiben, halfen weder der Kaffee in den Thermoskannen noch die gute Postenverpflegung, die wir bei uns hatten. Wir unterhielten uns sehr leise über Gott und Welt. Die Raucher zündeten sich eine Zigarette an und rauchten sie ganz vorsichtig in der geschlossenen Hand, um nicht bei Postenkontrollen durch die glimmende Zigarette verraten zu werden. Sollte die Müdigkeit zu stark werden, haben wir uns eine Grenzstreife von der Führungsstelle geben lassen, denn beim Gehen auf dem holprigen Kolonnenweg (Beton-Lochplatten) in der Nacht konnte man nicht einschlafen. So haben wir die Müdigkeit in der Nacht bekämpft und immer darauf gehofft, dass kein Grenzvorkommnis, also ein versuchter Grenzdurchbruch, die Nacht für uns zum Tage werden ließ. Was Grenzsoldaten in der Frühschicht oder Tagschicht außer ihrem

Rekonstruierte Grenzsäule

Wachdienst an der Grenze noch so gemacht haben, um die Zeit totzuschlagen, das wird auf anderen Wanderetappen des Buches geschildert. Nun wieder zurück zu unserer heutigen Wanderetappe.

Auf dem Kolonnenweg durch den Mischwald passieren wir die Friedenswegtafel 10 „Flucht eines Grenzsoldaten". Die Fahnenflucht eines Grenzsoldaten war das schlimmste „Vorkommnis", das es in einer Grenzkompanie geben konnte. Trotz aller Überprüfungen, Bestätigungen und Klassifizierungen der Soldaten und Unteroffiziere auf Zeit durch das MfS im Zuge der Einberufung zu den Grenztruppen, während der Grundausbildung und im Grenzdienst, ließen sich solche Ereignisse niemals ganz eliminieren. Fast jeder Grenzsoldat einer Grenzkompanie hatte in seinem Jahr an der Grenze die Möglichkeit, fahnenflüchtig zu werden, wenn er es darauf anlegte. In den fast 40 Jahren des Bestehens der DGP (Deutsche Grenzpolizei) und der Grenztruppen der DDR gab es mehr als 3.000 Fahnenfluchten. Nicht nur die Erschießung von Flüchtenden war tragisch, sondern ebenso, wenn ein Grenzsoldat seinen Kameraden absichtlich tötete, um ungehindert in die Bundesrepublik flüchten zu können. *Auch während meiner Dienstzeit an der Grenze war es meine größte Sorge, dass ein falscher Kamerad mir in den Rücken schießen könnte, um zu flüchten.* Auf konkrete Fahnenfluchten, bei denen kein anderer Grenzsoldat zu Schaden kam oder bestraft wurde, wird noch an anderer Stelle des Buches eingegangen.

Die auf der Tafel beschriebene Fahnenflucht war erfolgreich und kein Grenzsoldat kam dadurch zu Schaden, weil der Gefreite H. am letzten Tag seiner Dienstzeit (!) die Flucht so geplant und durchgeführt hatte, dass er die Fehler in der Organisation des Grenzdienstes in der Grenzkompanie Stedtlingen konsequent ausnutzte. Der Kompaniechef der Grenzkompanie Stedtlingen wurde in Folge der durch die Abteilung V2.000 und die Bataillonsführung in Kaltennordheim analysierten Mängel und Vorkommnisse im Grenzdienst der Kompanie in ein anderes Grenzregiment strafversetzt.

Nach kurzer Wegstrecke auf dem Kolonnenweg kommen wir an der Friedenswegtafel 11 „Erläuterung der Splitterminenanlage SM 70" vorbei. In diesem Grenzabschnitt waren Splitterminen vom Typ SM 70 in verschiedenen Ausführungen von 1974 bis 1984 installiert, da es sich nach Analysen des MfS um den sogenannten Raum der Hauptanstrengung (RdH) handelte. Der RdH ist die räumliche Bewertung der Hauptfluchtbewegung von möglichen Flüchtlingen, den sogenannten „Grenzverletzern". Diese Einschätzung resultierte aus der räumlichen Nähe der inner-

heutiger Zustand: mit Wasser vollgelaufener Kfz-Sperrgraben vor der Minensperre

Steinkreis in einer Minensperre (3)

deutschen Grenze zur Kreisstadt Meiningen mit damals rund 26.000 Einwohnern. Trotz aller Kontrollen im Vorfeld von Meiningen durch Transportpolizei, die in Zügen Richtung Grenzgebiet kontrollierten, und Volkspolizei, die die Kraftfahrzeuge auf Zufahrtstraßen zum Grenzgebiet kontrollierten, gelang es hin und wieder Flüchtlingen, unbemerkt bis in das Grenzgebiet hinter Meiningen zu gelangen.

Nachdem wir nun insgesamt fast 3 km direkt auf dem Kolonnenweg am Grünen Band (4) entlanggewandert sind, verlassen wir am grünen Wegweiser „Hutsberg/ Neuberg" (5) den Kolonnenweg nach rechts und folgen dem Wegweiser „Buchenkopf" auf ca. 1,5 km durch den Mischwald (6) bis zur Waldkante an der Straße (7). Nun öffnet sich die Landschaft unterhalb des Hutsberges und wir folgen nach rechts abbiegend für ca. 700 m der Kreisstraße K 2522 bis zur Straßenmarkierung 101, Kilometer 2,0. Dort gelangen wir in der Kurve (8) auf den nach rechts verlaufenden Radweg (Fahrverbotsschild, darunter Kennzeichen Radweg) und folgen ihm in Richtung Hermannsfeld. Auf der Wanderung durch die abwechslungsreiche Feldflur bietet sich die Möglichkeit einer Rast an einem schön angelegten Rastplatz (9). Anschließend wandern wir auf dem Radweg vorbei an Sankt Wolfgang und dem Sorghof nach Hermannsfeld (10-13) und gehen zurück zum Parkplatz am Jagdschloss Fasanerie. Die Strecke auf dem Radweg durch Hermannsfeld bis zum Parkplatz beträgt ca. 5 km.

In Stedtlingen kann bei telefonischer Voranmeldung im Pfarramt die hübsche kleine Dorfkirche mit dem Fachwerkglockenturm besichtigt werden, ebenso einige sehr schön restaurierte Fachwerkhäuser.

Die ehemalige Grenzkompanie am Ortsrand von Stedtlingen wurde nach der Wende zu einem Mehrfamilienhaus umgebaut und ist als Kompaniegebäude heute nicht mehr zu erkennen.

Ein Gasthaus gibt es in Stedtlingen leider nicht mehr. Empfehlenswert ist die Fleischerei „Spiegel" im Ort. Dort gibt es sehr schmackhafte Rhöner Wurstspezialitäten zu kaufen.

Auch zu empfehlen ist ein Abstecher mit dem PKW nach Bayern, um sich den beschaulichen Ort Völkershausen anzuschauen. Dort gibt es eine schöne Dorfkirche, einen Blick auf das Gutshaus und ein altes Backhaus zu sehen.

„Zu viert durchs Minenfeld"

Ein 15jähriger und drei 16jährige Schüler aus der Nähe von Suhl planten 1965 eine abenteuerliche Flucht in die BRD in der Nähe von Henneberg bei Meiningen. Alle vier Jungen waren relativ gute Schüler, hatten aber Probleme mit ihrem systemtreuen Lehrer für Deutsch und Staatsbürgerkunde, Herrn P., von ihnen „Gorilla" genannt, der sie im Unterricht benachteiligte und sie wegen ihrer prowestlichen Einstellung schikanierte. Ein weiterer Grund für ihre Flucht war, dass sowohl Rainer B., Wolfgang H. und Hans-Norbert E. ihre Wunschberufe nach Abschluss der 10. Klasse in Suhl nicht erlernen konnten, weil damals nicht genügend Lehrstellen für Rundfunk- und Fernsehmechaniker in Suhl vorhanden waren.

Die vier Jungen machten sich schon seit längerer Zeit Gedanken, an welchem Ort der Grenze sie fliehen wollten und entschlossen sich, die Flucht bei Henneberg ca. 40 km entfernt von ihrem Heimatort zu wagen. Zuvor hatten sie sich eine alte Landkarte mit grobem Maßstab aus der Zeit vor dem Zweiten Weltkrieg vom Grenzgebiet besorgt. Sie planten, mit dem Zug nach Meiningen zu fahren und vom dortigen Bahnhof den direkten Weg zur DDR-Grenze bei Henneberg einzuschlagen. Die Entfernung für den Fußmarsch von Meiningen nach Henneberg betrug mehr als 20 km. Neben der Landkarte besaßen die vier Jugendlichen einen alten Kompass, der ihnen bei der Orientierung im Anmarsch auf die Grenze die Richtung weisen sollte. Als großes Problem bei der Flucht erwies sich, dass die Jungen aus dem Westfernsehen wussten, dass sie bei Henneberg höchstwahrscheinlich eine Minensperre an der Grenze überwinden müssten. Da Rainer ein sehr begabter Elektrotechnikbastler war, kam er auf die Idee, sich aus organisierten alten Bauteilen einen Metalldetektor mit Kopfhörer zum Orten von Metallminen zu bauen. So konstruierte er daraus eine Induktionsschleife als Minensuchgerät. Leider konnten sie in den Gärten zu Hause oder im Wald bei Suhl die Funktionsfähigkeit des Minensuchgerätes nur zum Teil erproben. Rainer wusste, dass es frequenzmäßig durch veränderte Tonlage im Kopfhörer auf metallische Teile im Boden, also auch auf Minen, reagierte. Zu 100% sicher, dass seine Eigenkonstruktion funktionieren würde, war er sich aber nicht. Den Eltern, Geschwistern oder anderen Schulkameraden sagten sie von ihrem abenteuerlichen und lebensgefährlichen Fluchtplan nichts. Sie schwiegen, so wie sie es vereinbart hatten.

Im Oktober 1965 sahen sie die Zeit gekommen, ihren Plan zu verwirklichen. Am frühen Morgen des Herbstferientages, am 14.10.1965, stiegen die vier in den Zug nach Meiningen. Tags zuvor hatten sie ihren Familien erzählt, dass sie zu einer Funkausstellung der DDR nach Dresden fahren wollten. Die Eltern und Geschwister glaubten ihren Absichten, nur eine Mutter war skeptisch. Die Mutter von Manfred ahnte etwas und fuhr den vier Jungen mit dem PKW nach Meiningen zum Bahnhof hinterher. Dort hatten die Kameraden inzwischen die Lage gepeilt, Vopos und Transportpolizei auf dem Bahnhof ausgemacht und wollten gerade in die Stadt gehen, um sich vom Stadtrand von Meiningen direkt auf den Weg zur Grenze Richtung Henneberg zu machen. Die von ihnen mitgeführte Landkarte wies den Weg. Da geschah das ungeplante Malheur! Auf dem Bahnhof von Meiningen stand urplötzlich Frau N. vor ihnen und stellte sie zur Rede, wo sie denn in Wirklichkeit hinmöchten? Der Schreck fuhr ihnen in die Glieder und sie waren kurz geschockt. Rainer fasste sich als Erster und erklärte Frau N., dass sie ja alle nach Dresden zur Funkausstellung der DDR fahren möchten und am späten Abend wieder zurück nach Meiningen kämen. Um Frau N. zu überzeugen, gingen sie zusammen mit ihr zum Fahrkartenschalter des Bahnhofs Meiningen und kauften die Fahrkarten nach Dresden. Davon überzeugt, verließ die Mutter den Bahnhof Meiningen und fuhr mit dem Auto zurück nach Suhl.

Aufgeschreckt durch den Auftritt der Mutter, wollten die vier Jungen nicht mehr auf direktem Weg durch Meiningen Richtung Henneberg gehen. Anhand ihrer alten Landkarte und des mitgeführten Kompasses planten sie, gedeckt und getarnt meist durch die Wälder oder direkt am Waldrand gute 20 km in Richtung Henneberg zu laufen. Nach ca. 4,5 Stunden bei einsetzender Dämmerung sahen sie in einiger Entfernung ein Dorf. Sie wussten nicht, ob dies eventuell schon der Grenzort Henneberg war. Sie warteten im Wald, bis es dunkel war, dann ging Wolfgang in Richtung des Ortes, um zu erkunden, ob dies schon Henneberg sei. Er erreichte den Ortsrand und sah auf dem Ortseingangsschild, dass es sich um die Gemeinde Einödhausen handelt. Jetzt entschieden sie sich, Einödhausen und die vor ihnen liegende Verbindungsstraße nach Henneberg mit dem beleuchteten Vopo-Kontrollposten für das Grenzgebiet weiträumig zu umgehen. Nach gut einer Stunde Marsch durch den Wald erreichten sie die Kante eines Wäldchens zwischen den Orten Henneberg und Hermannsfeld. Dort gingen sie in Deckung und beobachteten mit dem mitgeführten halbierten Wehrmachtsfernglas die hinter Wiesen und Feldern in ca. 1 km Entfernung vor ihnen liegende innerdeutsche Grenze mit Minensperre. Sie sahen bei schwachem Mondlicht ein Fahrzeug entlang der Grenze auf DDR-Seite fahren. Eine Grenzstreife der Grenztruppen war bei Dunkelheit nach 23 Uhr aus der großen Entfernung nicht zu erkennen. Die Jungen entschieden, sich über die offenen Weiden und Felder ganz vorsichtig und vorwärtsrobbend der Minensperre als letztem großen Hindernis vor der Grenze zu nähern. Sie waren dabei sehr aufmerksam und bemerkten die aufgestellten Signalgeräte vor der etwa 10 m breiten Minensperre, die vorne und hinten mit ca. 2 m hohem Stacheldrahtzaun an Betonpfosten eingefasst war. Am Kolonnenweg vor der Minensperre angekommen, hielten sie kurz Ausschau nach einer Grenzstreife, die Luft war rein. Jetzt sollte der gefährlichste Teil der Flucht kommen. Rainer hatte das selbstgebaute Minensuchgerät eingeschaltet und sich den Kopfhörer aufgesetzt. Das Ortungsgerät schien zu funktionieren und zeigte vor ihm im Minenfeld keine Minen an. Extrem vorsichtig durchschritt er langsam das ca. 10 m breite Minenfeld, immer auf das Signal des Kopfhörers lauschend. Hinter ihm in drei oder vier Meter Abstand, schritten genau in seinen Fußstapfen vorsichtig die drei anderen Jungen durch das Minenfeld. Nach 5 bis 10 Minuten voller Angst und höchster Anspannung hatten sie es geschafft und überkletterten unver-

Kolonnenweg

letzt den letzten Stacheldrahtzaun der Minensperre. Kein Grenzer hatte bisher ihre Flucht bemerkt.

Jetzt waren sie sich aber noch nicht ganz im Klaren, ob sie wirklich schon Bayern erreicht hatten oder ob die Grenze eventuell noch eine Schlaufe machte? Sie liefen vorsichtig weiter über die vor ihnen liegende Weide in südwestlicher Richtung. Da sah Hans-Norbert im ganz fahlen Mondlicht etwas zu seinen Füßen im Weidegras liegen. Er bückte sich danach und hob es auf. Es war ein Stück Schokoladenverpackung. Er las „Meisterstück Schokolade" aus Hamburg. Jetzt wussten sie, dass sie bayerisches Territorium erreicht hatten und die tödliche Grenze endgültig hinter ihnen lag. Sie waren überglücklich vor Freude.

Sie gingen schneller voran und sahen in gut 1,5 km Entfernung die Straßenbeleuchtung eines Dorfes vor sich. Sie wussten jetzt, dass dies der bayerische Grenzort Eußenhausen sein musste. Nach weiteren 20 Minuten schnellen Fußmarsches erreichten sie am Ortsrand einen Bauernhof. Gegen 2:30 Uhr klingelten sie Sturm und die Bauernfamilie aus dem Schlaf. Der Bauer und seine Frau standen beim Anblick der vier Jungen wie vom Donner gerührt in der Haustür und konnten den nächtlichen Besuch kaum fassen. Sie holten die durchgefrorenen Jungen in ihr Haus. Die vier Jugendlichen saßen bei der Bauernfamilie am Küchentisch und berichteten von der dramatischen Flucht über die tödliche Grenze. In der Zwischenzeit hatte der Bauer telefonisch den Posten der Bayerischen Grenzpolizei (BGP) in Eußenhausen informiert, der nach ca. 20 Minuten mit dem Kübelwagen auf dem Bauernhof eintraf. Die Jungen bedankten sich herzlich bei der Bauernfamilie für ihre freundliche Aufnahme mitten in der Nacht. Anschließend fuhren sie mit den beiden Grenzpolizeibeamten in das Haus des einen Grenzpolizisten nach Eußenhausen. Dort wurden sie mit heißen Getränken und frischen Wurstbrötchen sehr gut versorgt. Nachdem sie sich etwas gestärkt und von den großen Strapazen der Flucht erholt hatten, erzählten sie den anwesenden vier Grenzpolizeibeamten ausführlich ihre gesamte, abenteuerliche Fluchtgeschichte.

Parkplatz Straße Stedtlingen - Willmars - Kolonnenweg - vorbei an Filke - ehem. FüSt - Petersee Moor - Ruppers - Parkplatz

Unsere dritte Wanderung an der ehemaligen innerdeutschen Grenze in der Rhön beginnen wir am Parkplatz auf halbem Weg direkt neben der Kreisstraße Stedtlingen-Willmars (A). Dort, in unmittelbarer Nähe zur Grenze, wurde am 29.7.1952 ein bundesdeutscher Zöllner durch MfS-Angehörige in Uniformen der Deutschen Grenzpolizei getötet. Ein Gedenkstein erinnert an diesen Mord am Zollbeamten Gerd Palzer. Dabei handelte es sich um eine Aktion eines Spezialkommandos der Grenzpolizei der DDR, um den friedlichen Kontakt zwischen DDR-Grenzpolizisten und Angehörigen des Zolls oder der bayerischen Grenzpolizei endgültig zu unterbinden. Die Grenzpolizisten, die bisher an der Grenze mit den Zöllnern hin und wieder Karten spielten, wurden an dem Tag der Aktion durch Spezialkräfte des MfS ersetzt. Diese hatten den Befehl, die Zöllner beim Betreten

Tourdaten:

mittelschwer - 10 km (500 m Off-Grid) - 2,5 Stunden - 190 m Höhenunterschied

Maplibre | © Komoot | Map data © OpenStreetMap-Mitwirkende"

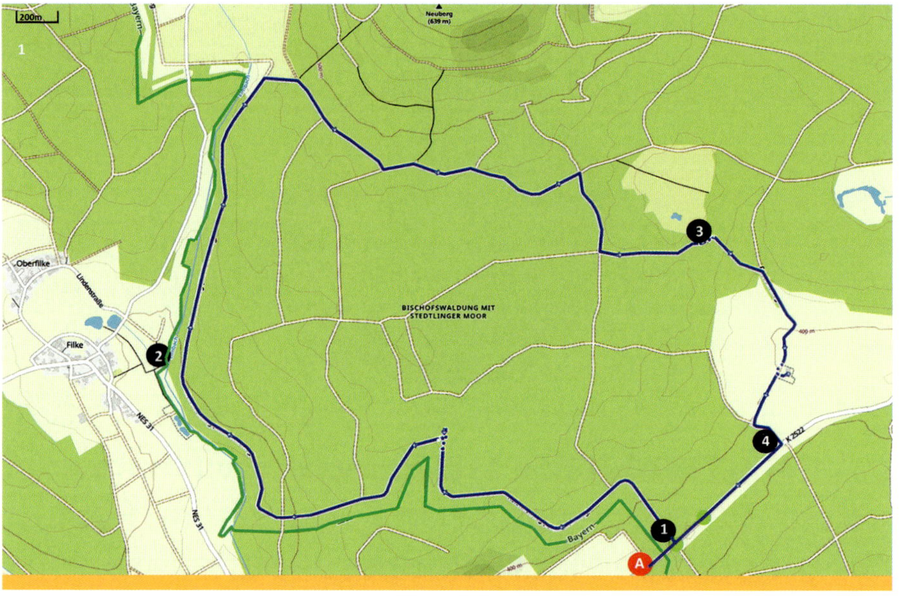

des DDR-Territoriums festzunehmen. An diesem Tag verrichtete Gerd Palzer allein den Dienst. Als er sich der Festnahme widersetzte und floh, wurde er auf bayerischem Territorium hinterrücks erschossen. Der mutmaßliche Mörder von Gerd Palzer, Heinz S. aus Meiningen, wurde nach der Wende durch die Kriminalpolizei dazu verhört. Er verweigerte die Aussage. Von weiteren, an dem Einsatz beteiligten MfS-Kräften war einer bereits verstorben und die Identität der anderen konnte nicht mehr ermittelt werden. Aufgrund dessen wurde das Ermittlungsverfahren eingestellt. Es kam zu keinem Gerichtsverfahren.

Vom Gedenkstein am Parkplatz gehen wir etwa 200 m auf der Straße in Richtung Stedtlingen und gehen dort nach links in den Wald auf den Kolonnenweg (1) in Richtung Filke. In diesem Bereich floh ein damals 17jähriger Landwirtssohn aus Queienfeld am 16.7.1962 erfolgreich über die Grenze nach Willmars. Diese Fluchtgeschichte wird nach Abschluss der Rundwanderung erzählt.

Weiter führt uns unser Weg, der rechts durch schöne, ältere Mischwaldbestände gesäumt wird. Links vom Kolonnenweg, wo sich ehemals der Grenzzaun mit SM-70 Splitterminen befand, hat sich nach mehr als 32 Jahren nach der Wende ein sehr dichter Fichtenwald breit gemacht. Dieses weglose Fichtendickicht versperrt die Sicht auf Willmars und Filke. Auf der linken Seite des Kolonnenweges sind noch Reste des ehemaligen Kfz-Sperrgrabens zu erkennen. Vor 1990 war hier noch kein Wald und es bestand ein Schussfeld für die Grenzposten.

Nach ungefähr 1,5 km entlang des Grünen Bands durch den Wald erreichen wir die Stelle, an der am 7.8.1982 der 17jährige Berliner Schüler Christoph K. den Streckmetallzaun, der mit Splitterminen vom Typ SM 70 bestückt war, schwerverletzt überwand. Auch diese sehr dramatische Flucht im Grenzabschnitt der Kompanie Stedtlingen wird nach Abschluss unserer Wanderung beschrieben.

Im gleichen waldreichen Grenzabschnitt unweit der ehemaligen Grenzsäule Nr. 1910 flohen am 5.4.1984 Klaus K. und Gisbert G. aus Kaltenwestheim in einer spektakulären Flucht über die Grenze. Dabei wurde Gisbert G. von Splitterminen schwer verletzt. Er war das letzte Opfer an der DDR-Grenze, das durch Splitterminen schwer verletzt wurde.

Nachdem wir nun ca. 3,5 km auf dem Kolonnenweg gewandert sind, können wir leider nicht die kleine Ortschaft Filke mit der markanten Kirchenruine „Mauerschädel" (2) fußläufig erreichen. Der ehemals freie Streifen am Grenzzaun ist vollständig mit nahezu undurchdringlichen Fichtenbeständen zugewachsen und es besteht in dem abschüssigen Gelände zum Elmbach und Schmerbach hinunter keine Möglichkeit, diesen Waldabschnitt in einer Breite von ungefähr 50 bis 100 m zu durchlaufen. Möglicherweise ist die Gemeinde Oberstreu bereit, einen Pfad bis zum

Grenzer am Mauerschädel 1962

Schmerbach mit Blick zur Ruine Mauerschädel freizusägen. Um den Mauerschädel zu besichtigen, muss man von Filke aus dorthin gehen.

Die Bezeichnung Mauerschädel für die Kirchenruine kommt daher, da diese wie ein alter Totenschädel direkt auf der ehemaligen innerdeutschen Grenze stand. Die Ruine aus dem 13. Jahrhundert befindet sich etwa 300 m südöstlich von Filke entfernt. *Zu meiner Zeit 1976/77 als Grenzsoldat war der Mauerschädel ein fest besetzter Postenpunkt im Grenzabschnitt. Der Beobachtungsturm bei Filke wurde 1976 erbaut. Ich selbst war zu meiner Zeit nicht in diesem Abschnitt eingesetzt, ich weiß aber aus Berichten von Kameraden, dass man mit dem Fernglas die Fernsehbildschirme durch die Fenster der Bewohner von Filke sehen konnte.* Im Jahr 1975 erfolgte im Rahmen eines Gebietstausches zwischen der DDR und der BRD die Übergabe der Kirchenruine an den Freistaat Bayern. Die Ruine wurde nach der Wende gesichert sowie saniert und gehört nunmehr zur evangelischen Kirchengemeinde von Willmars und Weimarschmieden.

Grenzzaun mit B-Turm östlich vom Mauerschädel, 1978

Auf dem Kolonnenweg durch den Wald kommen wir nach ungefähr 1,5 km zur Waldkante bei der Wüstung Schmerbach. Dort befand sich ehemals die FüSt der Kompanie Stedtlingen. Sie ist nach der Wende komplett abgerissen worden und nichts erinnert mehr an deren Existenz. Hier steht jetzt die Friedenswegtafel 16 „Die Fahnenflucht des Heiko N". Heiko N. hatte die Fahnenflucht clever geplant und realisiert, so dass kein weiterer Grenzsoldat seiner Kompanie dafür verantwortlich gemacht werden konnte. Auch bei dieser Fahnenflucht spielten hartherziges Verhalten des Kompaniechefs den Soldaten gegenüber und Nachlässigkeiten in der Planung und Organisation des Grenzdienstes eine wesentliche Rolle für die erfolgreiche Fahnenflucht.

An der Friedenswegtafel biegen wir nach rechts auf den Waldweg, weiter in Richtung Petersee-Moor, ab. Jetzt folgen wir dem Weg durch den alten Bischofswald. Nach 1,8 km biegt der Weg im Wald nach rechts ab und wir erreichen nach

Mauerschädel nach Sanierung 2022

einem weiteren Kilometer das Naturschutzgebiet „Petersee-Moor“ (3). Dieses Niedermoor ist im Juni übersät mit blühendem Wollgras, und es ist ein Konzert verschiedener seltener Kröten- und Froscharten zu hören. Nach etwa 300 m Strecke verlassen wir den Bischofswald und durchwandern ein Wiesengelände, auf dem sich vormals das geschleifte ehemalige Rittergut Ruppers befand.

Von Mitte der 50er bis fast Anfang der 70er Jahre bewirtschaftete die LPG Stedtlingen die dort noch zuletzt verbliebenen Stallanlagen. Diese wurden 1974 geräumt und blieben als marode Ställe ungenutzt und zerfielen. In späteren Jahren wurden diese potenziellen Versteckmöglichkeiten für Flüchtlinge, knapp einen Kilometer von der Grenze entfernt, abgerissen. *Ich war im Winter 1976/77 bei Ruppers als Postenführer auf Grenzstreife während einer mondhellen Winternacht eingesetzt. Bei den Stallruinen hatte ich eine sehr seltene Naturbeobachtung. In etwa 250 m Entfernung sah ich durch das Carl-Zeiss Dienstfernglas eine Wildkatze, die ich am buschigen und geringelten Schwanz deutlich erkannte, entlang der Stallruinen auf Mäusejagd gehen. Ein Förster aus dem Stedtlinger Revier bestätigte mir nach der Wende, dass es in der wildreichen Flur von Stedtlingen die letzten Wildkatzenbestände in Thüringen noch zu DDR-Zeiten gab.* Heute haben sich die Bestände der seltenen Wildkatzen in der Rhön erholt und die kleine dort lebende Population ist stabil.

Im Zusammenhang mit der Wildkatzenbeobachtung bei Ruppers soll nicht unerwähnt bleiben, dass das wildreiche Jagdrevier der Grenzkompanie Stedtlingen sehr gern von hohen „Genossen Herrenjägern“, das waren ranghohe Offiziere aus dem Grenzregiment Dermbach und dem Grenzkommando Süd in Erfurt, im wörtlichen Sinne zweimal im Jahr heimgesucht wurde. Die Offiziere, meist langgediente Majore, Oberstleutnante und Obristen, hatten mit der waidgerechten Jagd wenig im Sinn. Sie wollten primär ihre Jagd -und Schießlust ausleben und gingen deshalb auch gern des Nachts mit dem Kübelwagen P3 sowie eingeschaltetem Suchscheinwerfer zum „Blenden“ des Wildes auf die Jagd. Zu solchen „Jagdausflügen der führenden Genossen“, an denen auch jüngere weibliche Angehörige des Grenzkommando Süd in Erfurt teilnahmen, wurden die Grenzposten als unliebsame Zeugen solcher Jagdmethoden aus „Sicherheitsgründen“ aus dem Postengebiet abgezogen.

Nun führt uns die letzte Etappe unserer Wanderung wieder zurück zur Straße Stedtlingen-Willmars. Dort steht eine Infotafel zum Grenzwanderweg in der Rhön-Grabfeld-Region. Neben der Infotafel ist ein Rastplatz mit Bank und Tisch (4) vor-

Petersee-Moor

handen. Von dort müssen wir am Straßenrand einen Kilometer in Richtung Willmars zum Parkplatz als Ausgangspunkt der Wanderung zurückgehen.

Abseits der Wanderstrecke liegen einige kleine, sehenswerte Dörfer. Neben Filke, Willmars, Weimarschmieden auf bayerischer Seite können auf der Thüringer Seite auch Stedtlingen, Helmershausen, Gerthausen, Schafhausen, Geba mit dem PKW besucht werden. Die Hohe Geba (750 m über NN) bietet seltenen Orchideen und Wildblumen einen Lebensraum auf Magerrasenstandorten. Von der Hohen Geba hat man einen herrlichen Rundumblick über die Rhön mit dem Grabfeld und dem Thüringer Wald mit den Gleichbergen bei Römhild sowie bis ins Coburger Land in südöstlicher Richtung.

Stedtlingen

Das Dorf besitzt eine kleine und schöne Dorfkirche mit einem Fachwerkkirchturm. Den Schlüssel zur Besichtigung kann man nach telefonischer Voranmeldung bei der Pastorin erhalten. Es gibt die Metzgerei Spiegel, die für den hungrigen Wanderer Original Rhöner Wurstspezialitäten bereithält.

Weimarschmieden

Am Waldrand bei Weimarschmieden befindet sich ein mehr als 200 Jahre alter, gut erhaltener jüdischer Friedhof. Dieser wurde glücklicherweise im Dritten Reich von den Nazis nicht geschändet und geschleift. Die Gräber zeugen von der langen jüdischen Kultur in Weimarschmieden.

Die Flucht des jugendlichen Landwirtssohnes aus Queienfeld

Am 16.7.1962 meldete die Kompanie Stedtlingen des Grenzregiments 3 an ihr Regiment:

„Der Landwirtssohn Gerd Limpert, 17, wohnhaft in Queienfeld, flüchtet am 16.7.1962 bei Stedtlingen über die Grenze nach Willmars'.

Die Grenzkartei des MfS meldet: Ein 17-jähriger Traktorist, geb. am 24.3.1945, aus Queienfeld, geht bei Stedtlingen in den Westen."

Die Flucht von Gerd L. gestaltete sich recht unkompliziert und gefahrlos, da er ohne Sicherungsposten der Grenztruppen vor Ort allein mit dem Traktor arbeiten gelassen wurde. Gerd L. gab dazu später folgende Angaben: „Es war meine Aufgabe, die Stämme vom Holzstapel zu entfernen. Ich habe diese aber auf dem Anhänger gelassen und unter Mitnahme des Traktorschlüssels die Flucht ergriffen. Der Schlüssel hängt heute noch an einer Uhrkette in meinem Bauernzimmer."

Nach der erfolgreichen Flucht versuchte das MfS, den Jugendlichen wieder in die DDR zurückzuholen. Die Mutter von Gerd wurde in Befragungen durch das MfS unter Druck gesetzt und genötigt, auf ein leeres Blatt Papier rechts unten blanko zu unterschreiben. Auf diesem Blatt fertigte das MfS ein Schreiben an das Landratsamt in Mellrichstadt an, in dem die Mutter die sofortige Rückführung ihres minderjährigen Sohnes in die DDR verlangte. Glücklicherweise tauschte sich das Landrats-

Elternhaus von Gerd L. in Queinfeld

amt Mellrichstadt mit Gerd aus und kam infolgedessen der erzwungenen Forderung nach Rückkehr in die DDR nicht nach.

Der Vater von Gerd war selbstständiger Landwirt in Queienfeld gewesen. Etwa 15 ha hatte er zusammen mit dem Pachtland von Verwandten bearbeitet. Als nach 1952 in Queienfeld die LPG gegründet wurde, war der Vater nicht dabei. Er wollte selbstständig bleiben, was er lange durchhielt, auch als er keinen Dünger und kein Saatgut mehr bekam. Doch 1960/61 musste Vaters Besitz als letzter in die LPG eingebracht werden, sonst hätte Gerds Bruder nicht studieren dürfen. Vater Max und Mutter Loni waren seitdem LPG-Arbeiter. Gerd bekam nach der Übernahme in die LPG einen Arbeitsplatz als Lehrling in der MTS, der Motoren-Traktoren-Station in Bibra. Die ganze Familie war mit dieser Entwicklung unzufrieden, Gerd dachte immer öfter daran, in den Westen abzuhauen. Dem Vater blieb das nicht verborgen, er sagte mehrmals. „Schließe auf jeden Fall Deine Lehre ab!"

Von Minensplittern getroffen

Am 7.8.1982, gegen 11:15 Uhr, flüchtete etwa 1,8 km westlich der Straße Stedtlingen-Willmars der 17jährige Schüler aus Berlin, Christoph K.. Er stammte aus einer Akademikerfamilie aus Berlin-Grünau. Er wollte nach dem Abitur eine Lehre als Kunstschmied in Berlin beginnen und hatte bereits die Zusage für diese besonders begehrte Lehrstelle in der Tasche. Welche Gründe ihn zur Flucht bewogen haben, ist nicht bekannt. Ebenso unbekannt ist, wie Christoph damals unbemerkt bis ins Grenzgebiet zwischen Stedtlingen und Helmershausen von Berlin kommend gelangen konnte. Vermutlich erfolgte seine Anreise in die Rhön von Berlin über Erfurt nach Meiningen mit der Bahn. Schon bei der Bahnanreise nach Meiningen muss es ihm gelungen sein, in keine Kontrolle im Zug durch die Transportpolizei zu kommen. Auch ist bis heute ungeklärt, wie er die mehr als 16 km von Meiningen bis an die Grenze unbemerkt von Volkspolizei, Grenzhelfern und Grenzsoldaten bewältigt hat. Vermutlich ist er diese Strecke bei einbrechender Dunkelheit im Wald oder an Waldrändern gelaufen, wenn er bei seiner Flucht über Kartenmaterial aus dem Grenzgebiet verfügte. Ca. 1,8 km westlich von Stedtlingen gelang es ihm, den Grenzsignalzaun ohne Auslösung zu überwinden. Wie er dies bewerkstelligte, ist bisher ebenso unklar. Eine mögliche Erklärung dafür könnte sein, dass der altersschwache Grenzsignalzaun eventuell wegen einer vorliegenden Störung nicht funktionstüchtig war. Danach näherte er sich dem Kolonnenweg im Bereich der Grenzsäule 1908 und dem dahinterliegenden, über 3 m hohen Streckmetallzaun mit Splitterminen an. Dort unbeobachtet von Grenzsoldaten erkannte er die angebrachten Splitterminen am Streckmetallzaun. Vor dem Überklettern des Streckmetallzauns nahm er einen langen stabilen Ast und löste bewusst die Splitterminen am Zaun aus. Leider konnte er die letzte, obere Splittermine am Zaun nicht mit dem Ast vor dem Überklettern auslösen. Er kletterte am Streckmetall hoch, berührte beim Überklettern des Zaunes die obere Splittermine und brachte sie damit zur Auslösung. Durch die Splitter der Mine in den Beinen und am Rücken schwer verletzt, gelang es Christoph trotzdem, den Zaun zu überwinden. Der nächste Grenzposten befand sich ca. 400 m vom Fluchtpunkt entfernt, konnte die Durchbruchstelle während der Flucht nicht einsehen und den Grenzdurchbruch somit nicht verhindern. Schwerverletzt schleppte er sich durch den Wald in die nächstgelegene, etwa 1,2 km entfernte, bayerische Gemeinde Willmars. Gegen 12 Uhr klingelte er bei der Rentnerin Maria S.

an der Tür und bat um Hilfe. Sie nahm den jungen Mann in ihr Haus und rief sofort das Krankenhaus in Mellrichstadt und die bayerische Grenzpolizei an.

Noch am Nachmittag des gleichen Tages wurde Christoph in Mellrichstadt notoperiert. Den Ärzten im Krankenhaus gelang es nicht, alle Splitterminenteile vollständig aus seinem Körper zu entfernen. Frau S., die Christoph Erste Hilfe zu Hause leistete, hat sein blutiges Hemd als Andenken an die dramatische Flucht aufbewahrt. Die dramatische Flucht und die damit verbundenen Verletzungen durch die Splitterminen lösten in der BRD ein gewaltiges Presse- und Medienecho aus, das auch bis in die DDR hineinhallte.

Dieses Medienecho war nicht im Sinne der DDR-Führung, die zu dieser Zeit sehr um ein positives Image und internationale Anerkennung bemüht war.

Nach der Notoperation verblieb Christoph noch im Krankenhaus in Mellrichstadt und kam anschließend zur Genesung in die Reha. Anschließend ging er zu Verwandten in den Raum Hannover, machte dort sein Abitur und danach einen erfolgreichen Abschluss als Goldschmied. Später zog er nach Unterfranken und eröffnete dort eine Töpferei, mit der er seinen Lebensunterhalt erfolgreich bestritt. Leider ist Christoph K. im Jahr 2005 im Alter von nur 40 Jahren viel zu früh in Bayern verstorben.

Kirche in Stedtlingen

WANDERUNG 4

Wüstung Schmerbach - Dreiherrenstein - Wüstung Gereuthof - Steinkopf (erhaltene Originalgrenze) - retour nach Schmerbach

Die vierte Etappe der Rundwanderungen an der ehemaligen innerdeutschen Grenze beginnt bei der Wüstung Schmerbach (A). Dort stand bis zum Jahr 1972 der kleine Weiler Schmerbach mit insgesamt sieben Häusern, Ställen und Scheunen. An der großen freistehenden Linde an der Straße befinden sich mehrere Informations- und Erinnerungstafeln, die an das traurige Schicksal von Schmerbach erinnern.

Der Weiler im Schutzstreifen überstand die Zwangsräumungsaktionen „Ungeziefer" und „Kornblume" der SED-Führung in den 50er und 60er Jahren unbeschadet. Anfang der 70er Jahre beschloss die SED-Kreisleitung Meiningen dennoch die Schleifung des Weilers Schmerbach. Die letzten Häuser von Schmerbach standen ca. 200 m entfernt von der Grenze.

Tourdaten:

einfach - 6,7 km (649 m Off-Grid) - 2 Stunden - 90 m Höhenunterschied

Am Ende unserer Wanderung wird die Flucht der siebenköpfigen Familie G. aus Schmerbach im Jahre 1965 erzählt.

Von Schmerbach erhalten geblieben ist heute nur das Trafohaus, in dem jetzt geschützte Eulen und Greifvögel Brutmöglichkeiten finden. Nicht eingeebnet wurde der alte Friedhof, den wir mitten im Feld etwa 300 m nördlich an den großen

Schmerbach, wie es früher war

Trafohäuschen in Schmerbach

Laub- und Nadelbäumen, die ihn umgrenzen, erkennen. Die Grabstellen auf dem alten Friedhof sind ebenfalls erhalten. Eine Besichtigung des ehemaligen Friedhofes ist nicht möglich, da dieser in der Vegetationszeit von bestellten Feldern umschlossen wird.

Wir gehen auf der Verbindungsstraße von Helmershausen nach Filke in Richtung des Kolonnenweges und biegen dort nach rechts ab in Richtung Steinkopf und Wüstung Gereuthof. Da der Grenzabschnitt der Kompanie Stedtlingen durch seine Nähe zur Kreisstadt Meiningen als „Raum der Hauptanstrengung" (RDH), also als ein Fluchtschwerpunkt nach Analysen des MfS und der Grenztruppen herausgearbeitet wurde, erfolgte hier bereits Anfang der 70er Jahre der moderne Vollausbau der DDR-Grenze mit Grenzsignalzaun aus Streckmetall und einer Grenzsperre aus einem weiteren Streckmetallzaun, bestückt mit Splitterminen. Erst zum Jahresende 1984 wurden die letzten Splitterminen nach Vertragsverhandlungen mit der Bundesrepublik („Franz Josef Strauß-Kredit") durch die Grenztruppen demontiert. Dieser moderne, vollausgebaute Grenzabschnitt erstreckte sich über mehr als 15 km Länge von der „Schanz" bei Henneberg bis westlich von Helmershausen.

Wir gehen auf dem Kolonnenweg in Richtung Wüstung Gereuthof. Von dem ehemaligen, über 3 m hohen Streckmetallzaun, an dem die Splitterminen befestigt waren, ist nichts mehr zu sehen. Mit Glück findet der Wanderer neben dem Kolonnenweg noch Fragmente alter verrosteter Streckmetallzaunreste oder Reste einer Schranke. Nach etwa 1,2 Kilometern entlang der ehemaligen Grenze sehen wir ein kleines Holzschild „Dreiherrenstein", das auf einen kurzen Pfad hinweist. Der Dreiherrenstein (1) markierte die Grenze zwischen dem Großherzogtum Sachsen-Weimar-Eisenach, dem Herzogtum Sachsen-Meiningen und dem Königreich Bayern.

Wüstung Gereuthof

Gereuthof im Jahr 1952

Dreiherrenstein

Zurück auf dem Kolonnenweg, gehen wir weiter und kommen dort zur Friedenswegtafel 18 „Der ehemalige Gereuthof", die unter dem Richtungswegweiser zum Dreiherrenstein angebracht ist. Dort biegen wir vom Kolonnenweg nach rechts (2) in den Buchenmischwald ab und gelangen nach etwa 500 m auf eine große Wiesenfläche (3-4).

Ziemlich zentral auf der großen Wiese stand bis 1974 der Gereuthof (5), ein Bauernhof mit Stall und Scheunen. Ihn ereilte das gleiche Schicksal wie Schmerbach: Er wurde ebenfalls dem Erdboden gleichgemacht. Daran erinnern Informationstafeln, denn sonst sind dort nur noch Fundamentreste der Gebäude zu sehen. Hier hat der Wanderer die Möglichkeit, an einem Rastplatz mit Tisch und Bank eine kleine Pause einzulegen.

Von der Wüstung gehen wir auf einem Feldweg (6) weiter bis zur Waldkante am östlichen Ende der Wiese. . Diese Talsenke ist im Mai und Juni ein wahres Vogelparadies. Dort hörten wir im Dickicht den Pirol und die Nachtigall singen. Eine Vielzahl anderer Singvögel hat dort ideale Lebensbedingungen vorgefunden.

Nun gehen wir nach links (7) und orientieren uns nicht an dem Wegweiser nach Schmerbach, denn der markierte Weg entlang der Waldkante existiert nicht mehr, weil der Landwirtschaftsbetrieb den Weg an der Waldkante in Richtung Kolonnenweg nach Schmerbach untergepflügt hat!

Nach ca. 600 m ab der Waldkante biegen wir nach links in den Wald ab und durchwandern diesen auf einer Strecke von ca. 1 km (8). Am Ende des Weges kommen wir wieder etwa 500 m westlich vom Steinkopf auf den Kolonnenweg zurück

„Museumsgrenze" (erhaltene Originalgrenze) am Steinkopf

(9) und gehen in Richtung Schmerbach. Wir finden einen gut 100 m langen, original erhaltenen und denkmalgeschützten Grenzzaun aus Streckmetall vor. Hier steht für interessierte Grenzwanderer die in diesem Gebiet letzte originale Grenzsperre (10) mit Kolonnenweg, Kfz-Sperrgraben und über 3 m hohem Streckmetallzaun. Wir sehen Informationstafeln und die Friedenswegtafeln 19 „Ein Grenzsoldat flieht mit seiner Schwester" sowie 19a „DDR-Grenzsperranlagen ab 1980", die über die Grenze und besondere Grenzereignisse informieren. Hier gehen wir auf dem Kolonnenweg zur Wüstung Schmerbach zurück.

Die „Grenzwanderer" sollten nicht versäumen, Helmershausen zu besuchen und dort den wunderbaren Dom der Rhön, die herrlich ausgemalte evangelische Kirche, zu besichtigen. Die holzgetäfelten Wandbemalungen in der gesamten Kirche sind einmalig schön und in der Rhön nicht wiederzufinden. Auch sollte man in Helmershausen die drei ehemaligen kleineren Schlossanlagen besichtigen: das Schwarze Schloss, das Gelbe Schloss und das Rote Schloss, die im Mittelalter von regionalen Adelsfamilien in Helmershausen erbaut wurden.

Für die Stärkung von Leib und Seele sind in Träbes unterhalb der Geba, die „Träbeser Bauernstube" mit einer hervorragenden Küche und wunderbarem Ausblick oder in Bettenhausen das Kulturhaus zu empfehlen.

Auf bayerischer Seite der ehemaligen Grenze sollte der Wanderer das kleine Dorf Weimarschmieden besuchen. Dort finden wir eine schöne kleine Dorfkirche, das alte Backhaus und nach telefonischer Voranmeldung bei den Eigentümern kann man eventuell den mehr als 300 Jahre alten großen Gutshof besichtigen.

Der idyllische Gasthof mit Biergarten „Zur Weimarschmiede" bietet schmackhafte Speisen und Getränke an.

Die Flucht der Familie G. aus Schmerbach

Schmerbach war ein kleiner Weiler im Schutzstreifen des Kreises Meiningen, nur 200-300 Meter von der bayerischen Grenze enfernt. In die Häuser zogen nach 1945 Flüchtlinge aus Ostpreußen und Schlesien ein. Im Zuge der Bodenreform 1946 bekamen die Neubauern landwirtschaftliche Nutzflächen und die leerstehenden Landarbeiterhäuser übereignet. Im sogenannten „Spiegelshaus" (Haus 1 auf der Infotafel in Schmerbach) zogen 1947 als Neubauern die Familie Spiegel mit Sohn Helmut ein. Das Haus war Ende 1946 neu gebaut worden und hieß bei den Anwohnern von Schmerbach und Umgebung immer „Spiegelshaus" nach den ersten Bewohnern. Auf Grund der Größe des Hauses war dort auch Platz für eine kleine Bibliothek für die Einwohner des Weilers. Ab 1960/61 wohnten Edmund und Martel H. im Spiegelshaus. Zusätzlich zog überraschend die Familie G. aus Leipzig mit vier Kindern und Großmutter in das Haus ein. Überraschend daran war, dass die Familie nicht aus der Landwirtschaft kam und dass sie nicht aus der Gegend Meiningen stammte. Fritz G., der Familienvater, war SED-Mitglied und die Partei sah in ihm wohl einen vertrauenswürdigen Bewohner des Hauses unmittelbar an der Staatsgrenze zur BRD. Obwohl er keine landwirtschaftliche Ausbildung besaß, zeigte er sich als engagierter, fleißiger und lernbegieriger Genossenschaftsbauer. Er machte sich in der LPG und im Weiler Schmerbach schnell unentbehrlich. Ihm gelang es in kurzer Zeit nach seiner Ankunft in Schmerbach, den bisherigen LPG-Vorsitzenden Hugo K. abzulösen, was bei manchen LPG-Mitgliedern Fragen auslöste. Die winzige LPG Schmerbach wurde Anfang 1966 mit der größeren LPG Helmershausen auf Beschluss der Genossenschaftsmitglieder verschmolzen. Vorsitzender der LPG Helmershausen war der Genosse Alfred L.. Aus nicht bekannten Gründen forderte die Kriminalpolizei Meiningen Ende April 1966 den LPG-Vorsitzenden schriftlich auf, eine Beurteilung der Familie G. aus Schmerbach zu erstellen. Alfred L. kam der Aufforderung der Kriminalpolizei nach und erstellte am 28.04.1966 eine positive Beurteilung der Familie G.. Als er das Schreiben an die Kripo Meiningen verschickte, war er über folgende Ereignisse noch nicht informiert: Fast zwei Wochen zuvor war die gesamte Familie mit insgesamt sieben Personen aus Schmerbach plötzlich verschwunden. Was war geschehen?

In den Tagesmeldungen der Grenztruppen ist dazu Folgendes vermerkt:

„Am 18.4.1966, gegen 19:30 Uhr, gelang es einer siebenköpfigen Familie aus Schmerbach, Kreis Meiningen, etwa 80 m westlich der Straße Schmerbach-Oberfilke nach Westdeutschland durchzubrechen. Sie hatten die Drahtsperre auf zwei Pfählen durchschnitten. Die siebenköpfige Familie bestand aus dem 31-jährigen Fritz G., der 29-jährigen Ehefrau Annemarie und deren 48-jähriger Mutter Anna O. und den Kindern Ilona, Klaus, Sabine und Ute. Die Familie wohnte ca. 200 m von der Staatsgrenze entfernt. Der G. arbeitete als LPG-Mitglied sehr häufig auf den bis unmittelbar an der Sperre liegenden Feldern und wusste, dass dort keine Minen verlegt waren. Bei der anschließenden Untersuchung der Wohnung war das

Fernsehgerät noch eingeschaltet und zeigte den Kanal des westzonalen Fernsehens."

Als der LPG-Vorsitzende das Schreiben an die Kriminalpolizei abschickte, hatte es sich nach fast 14 Tagen seit der Flucht der Familie noch nicht bis zu ihm herumgesprochen, dass die Familie G. verschwunden war. Die sonst so reibungslos funktionierende Meldekette Einwohner, Gemeindeamt, Grenztruppen, MfS, Betrieb etc. hatte in diesem Fall offensichtlich versagt. Brigitte F., die Tochter des ehemaligen LPG-Vorsitzenden, erzählte später Folgendes darüber: „Im April fuhr G. nach Meiningen, kaufte dort kleine Küken, einen Handwagen mit Gummireifen sowie eine Drahtzange."

In der Nacht der Flucht übernachteten die Mitbewohner des Spiegelshauses Edmund und Martel H. nicht zu Hause, sondern auswärts. Am nächsten Morgen, als sie in ihr gemeinsames Wohnhaus zurückkehrten, war die Familie G. bereits spurlos verschwunden. Im Doppelzaun an der Grenze waren große Löcher geschnitten worden. Die Familie hatte mit Sack und Pack, Handwagen, aber ohne die gekauften Küken, die Flucht in den Westen angetreten. Das Haus verließen sie hellerleuchtet und mit lauter Musik. Der Familienvater hatte die Grenzstreifen gut ausgespäht und einen günstigen Fluchtzeitpunkt abgewartet.

WANDERUNG 5

Melpers - nördlichster Punkt Bayerns - Stellberg - Melpers

Unsere fünfte Wanderung entlang des Grünen Bandes durch die Rhön führt uns auf einem interessanten und schönen Rundweg um das kleine Dorf Melpers. Melpers war zu DDR-Zeiten zusammen mit Birx das einzige Dorf, das sich im Bereich des Grenzregimentes Dermbach im Schutzstreifen, also bis 1.000 m von der Staatsgrenze entfernt, befand. In den 50er und 60er Jahren schleifte die DDR hunderte einzelner Häuser, Gehöfte, Weiler und sogar ganze Dörfer im Schutzstreifen. Birx und Melpers blieb glücklicherweise dieses traurige Schicksal erspart.

Die Häuser in Melpers stehen ca. 500 m entfernt von der ehemaligen Grenze. Um sicherzustellen, dass von diesen Dörfern keine Fluchten stattfanden, waren in den Dörfern überdurchschnittlich viele freiwillige Grenzhelfer und informelle Mitarbeiter des MfS rekrutiert worden. Allein in Melpers, einem Dorf mit damals ca. 150 Einwohnern, inklusive Kindern und hochbetagten Senioren, gab es Anfang der 60er

Tourdaten:
leicht - 2 Stunden - 6,2 km - 180 Höhenmeter

Maplibre | © Komoot | Map data © OpenStreetMap-Mitwirkende"

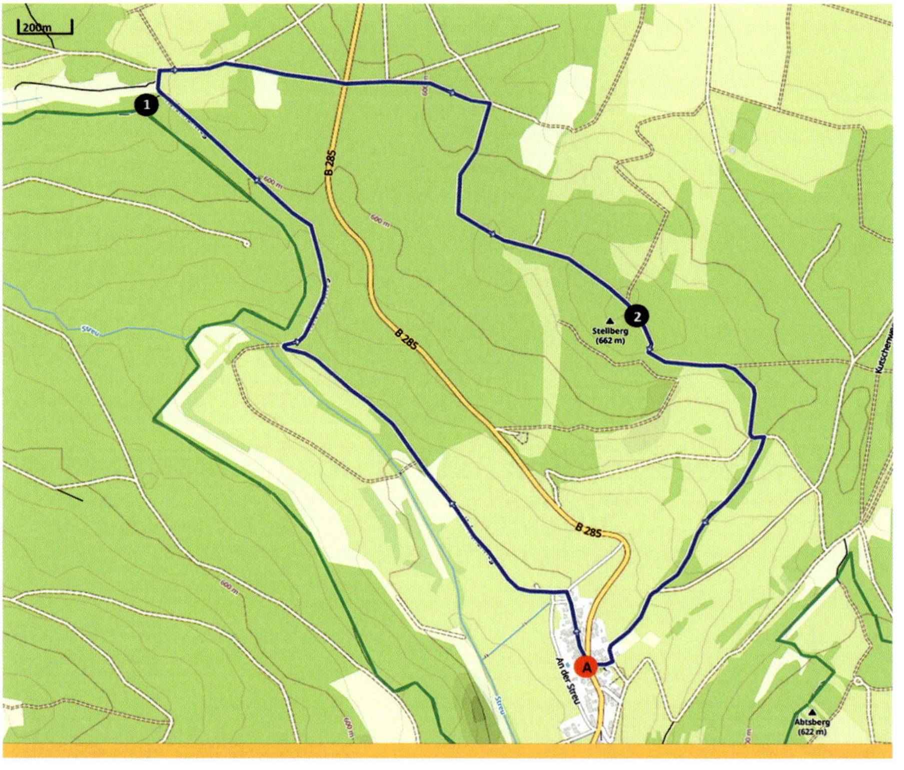

Melpers um ca. 1980

Jahre zeitweise bis zu 10 IM. Eventuell ist dieser hohe Bestand an IM in Melpers eine Art „Lebensversicherung" für das Dorf gegen die geplante Zwangsräumung und den Abriss gewesen.

Der Start unserer Wanderung beginnt in der Ortsmitte von Melpers. Wir gehen 250 m in nördlicher Richtung und treffen auf das Feuerwehrhaus und den „Johann Wolfgang von Goethe-Weg", dem wir auf einer Strecke von 1,2 km parallel zur ehemaligen Grenze im Verlauf des Baches Streu folgen. Unser Weg führt uns entlang von Wiesen und Weiden, die im Mai und Juni mit vielen Wildkräutern, Wildblumen und Orchideen geschmückt sind. Er wird von alten Kirsch- und Apfelbäumen gesäumt und steigt langsam an. Wir kommen an einem alten, etwas maroden Rastplatz vorbei und bald auf den scharf nach rechts abbiegenden ehemaligen Kolonnenweg.

Wir nehmen den Kolonnenweg und laufen bergan im Tal der Streu in Richtung Frankenheim. Die Betonlochplatten des Kolonnenweges sind im Juni jeden Jahres von verschiedenen seltenen Orchideenarten durchwachsen, und wir bemerken auch an der Wuchshöhe der etwa 10 m hohen Bäume links vom Kolonnenweg, dass die

Orchideen im Kolonnenweg

geflecktes Knabenkraut

Natur sich die ehemalige Grenze mit der Minensperre vollkommen zurückerobert hat. Von den Grenzsperranlagen ist außer dem Kolonnenweg unter unseren Füßen so gut wie nichts mehr zu sehen.

Zu meiner Grenzdienstzeit 1976/77 gab es in diesem Abschnitt nur eine sehr rudimentäre Grenze, bestehend aus einem doppelreihigen Stacheldrahtzaun an Betonpfosten und dazwischen Minen aus den frühen 60er Jahren. Glücklicherweise waren diese Minen nicht mehr funktionsfähig, da es hier zu meiner Grenzdienstzeit, wenn ich mich recht erinnere, zu keinen Minenexplosionen, auch nicht durch reichlich vorhandenes Rehwild oder Schwarzwild, kam.

Nach etwa 1 km leicht ansteigend durch den Wald erreichen wir unweit des nördlichsten Punktes Bayerns den Ort, an dem im Oktober 1965 vier junge Männer aus Erfurt die Staatsgrenze der DDR unverletzt und unbemerkt überwinden konnten. Die hier stattgefundene Fluchtgeschichte wurde mir freundlicherweise von Gert G. aufgeschrieben. Die Geschichte ist im Anschluss an diese Wanderung nachlesbar.

Wir biegen vom Kolonnenweg links ab und erreichen über einen schmalen Trampelpfad durch den jungen Fichtenwald, der sich im ehemaligen Minenfeld nach mehr als 30 Jahren breitgemacht hat, nach ca. 50 m den nördlichsten Punkt Bayerns (1). Dieser Punkt auf der bayerischen Seite der Grenze wurde aus Anlass eines Besuches im Jahr 2017 des bayerischen Ministerpräsidenten Markus Söder mit einer markanten und detaillierten Geländetafelmarkierung gekennzeichnet.

Früher war hier für die Grenzer am Kolonnenweg „freies Schussfeld" geschaffen worden. Alle Bäume im Bereich waren aus diesem Grund gefällt worden. Dazu muss man sagen, dass der Schießbefehl dahingehend lautete, niemals durch gezielten Beschuss auf das Territorium der Bundesrepublik einen „Grenzverletzer" an der Flucht zu hindern. Es hieß, das „gezielte Feuer", als letztes Mittel der Gewaltanwendung

Nördlichster Punkt Bayerns

zur Verhinderung eines Grenzdurchbruches, immer parallel zur Grenze zu führen, so dass keine Projektile der Kalaschnikow im Territorium der BRD einschlagen konnten. *In dem Zusammenhang muss ich auch erwähnen, dass wir in unserem Zug und in der Kompanie sehr froh waren, keinen „fickrigen", das war im Grenzerjargon ein ängstlicher und übernervöser Kamerad, unter uns zu haben, der insbesondere in der Nacht bei den geringsten Geräuschen im Wald neben uns die Waffe durchlud und sofort nach Anrufen „Halt! Stehen bleiben, Grenzposten!" tagsüber und bei Nacht „Halt! Stehen bleiben, Grenzposten! Parole!" und deren Nichtbeantwortung drauflos ballerte. Meist waren es Tiergeräusche, wie Schritte von Rehen oder Wildschweinen im Wald, die einen in der Nacht hellhörig werden ließen. Mit der Zeit konnten wir als „alte Hasen" diese Trittgeräusche sehr gut identifizieren und sind nicht übermäßig nervös geworden. Man glaubt kaum, was für merkwürdige Geräusche in der Nacht im Wald ein nach Futter suchender Igel verursacht. In einer Nachtschicht hat unser Nachbarposten einmal ordentlich mit Dauerfeuer der Kalaschnikow parallel zum Kolonnenweg losgefeuert. In Bruchteilen einer Sekunde sind wir in Deckung gegangen. Es stellte sich im Anschluss heraus, dass ein neuer, übernervöser Posten in der Nacht auf eine Gruppe Rehe am Kolonnenweg losgeballert hat. Eine Auszeichnung für die sinnlose Ballerei hat er dafür sicher nicht erhalten.*

Jetzt nach dem kurzen Exkurs über den Schießbefehl, das freie Schussfeld und übernervöse Grenzer wieder zurück zur Wanderung um Melpers. Vom nördlichsten Punkt Bayerns gehen wir nur wenige Meter nach Norden bis zur Forststraße (ehemaliger Kolonnenweg) von Frankenheim nach Erbenhausen, biegen dann rechts ab und erreichen nach 600 m die Straße Reichenhausen-Melpers. An dieser Straße befand sich bis Ende 1989 der Schlagbaum zum Schutzstreifen für das Dorf Melpers. Am Schlagbaum wurden durch ein Postenpaar der Grenztruppen die Personen- und Fahrzeugkontrollen durchgeführt.

Wir überqueren dort die Straße. Ganz in der Nähe, ca. 500 m in nördlicher Richtung, geht, gekennzeichnet durch ein Fahrverbotsschild, eine kleine Straße zur ehemaligen Kompanie Erbenhausen ab. Dort befindet sich das Gebäude der ehemaligen 9. Grenzkompanie. Diese Kompanie, die sich seit Jahren in einem maroden Bauzustand befindet, wurde seit 2018/19 von zwei Brüdern aus Freiburg im Breisgau mit enormem Aufwand teilweise saniert und sollte später einmal als Landschulheim oder Domizil für Rhönwanderer genutzt werden. Leider musste ich im Frühjahr 2022 feststellen, dass die Baustelle brachlag und vernagelt war.

Wir setzen unsere Wanderung durch den Wald nördlich von Melpers fort. Der Weg steigt stetig etwas an. Ungefähr 500 m nachdem wir die Straße überquert haben, biegen wir auf dem Weg nach rechts ab. Hier sehen wir die alten Flurmarkierungssteine (keine Grenzsteine!) aus dem 19. Jahrhundert, die rechter Hand am Waldrand den Weg säumen. Nach etwa einem Kilometer Wegstrecke bergan durch den schönen alten Mischwald erreichen wir den höchsten Punkt (2) der Wanderung, den Stellberg (662 m), der sich nur ca. 30 m rechts vom Weg entfernt im Wald befindet. Wir folgen weiter dem Weg durch den Wald und erreichen oberhalb des Dorfes bald die Waldkante. Hier oben hat man einen sehr schönen Ausblick auf Melpers sowie Oberfladungen und auf der gegenüberliegenden Seite auf die Erhebungen der Hohen Rhön mit dem „Heimatblick“ und dem Salkenberg auf bayerischer Seite, nördlich von Frankenheim. Hier an der Waldkante saßen Grenzsoldaten meistens auf einer provisorisch zusammengezimmerten Bank, direkt oberhalb von Melpers, von wo aus sie die Straße Oberfladungen-Melpers sowie das gesamte Dorf inklusive der Grenzsperranlagen gut überblicken konnten.

Nachdem ich auf einer der vorherigen Rundwanderungen auch schon darauf eingegangen war, was die Grenzsoldaten in einer Nachtschicht im Grenzdienst alles so taten, um die Müdigkeit zu unterdrücken, möchte ich kurz darstellen, wie man die Langeweile in der Frühschicht oder Tagschicht an der Grenze bekämpfte. Natürlich unterhielten sich die Grenzsoldaten über Gott und die Welt, also meistens die Frau/Freundin, Freunde, Eltern, Schule, Beruf, ein bevorstehendes Studium, den nächsten Urlaub oder den nächsten Ausgang. Einzelne führten versteckt in der Uniform auch ein Miniradio mit, wo wir dann im Dienst die aktuellsten Hits hörten. Darüber hinaus bestand auch immer die Möglichkeit von interessanten Naturbeobachtungen, wenn man sich sehr ruhig verhielt, z.B. Rehwild, Füchse, ganz selten Wildkatzen, Schwarzwild in größeren Rotten. Am Stellberg bei Melpers in einer Nachtschicht, als wir auf der selbstgezimmerten Bank am Waldrand saßen und ganz ruhig waren, ist mir ein Dachs fast über die Füße gelaufen. Im Herbst an schönen Tagen wurden in der Grenzdienstschicht sehr gern Pilze gesammelt, was uns natürlich verboten war, weil es uns von der befohlenen Wachsamkeit ablenkte. Diese Pilze mussten wir dann an Ort und Stelle im Wald, unbeobachtet von der Kontrollstreife oder dem Grenzaufklärer, brutzeln. Dazu benutzten wir eine Hälfte unserer Brotdosen aus Aluminium. Dafür hatten wir uns extra Spiritustabletten eingesteckt, die wir zwischen Steinen entzündeten und los ging die Braterei im Wald. Die Wälder der Rhön waren im Herbst sehr pilzreich, zumal die Grenzer die einzigen Pilzsammler waren. Eine andere Möglichkeit des kulinarischen Zeitvertreibs im Grenzdienst war das Grillen einer Brat- oder Knackwurst, die wir vorher gekauft hatten. Hier kamen wieder die bereits erwähnten Spiritustabletten für den Campingkocher zum Einsatz. Wir sammelten dazu auch trockene kleine Zweige und etwas größere Steine, um das dafür notwendige kleine Lagerfeuer abzugrenzen und keine Waldbrände zu entfachen. Dabei mussten wir immer genau darauf achten, dass es zu keiner großen Rauchentwicklung kam, die uns hätte verraten können. Die Würste wurden auf den Waffenreinigungsstab der Kalaschnikow aufgefädelt und los ging es. Diese selbst gegrillten Würste schmeckten immer besonders lecker. All diese genannten „besonderen Aktivitäten" im Grenzdienst waren natürlich streng verboten, und wenn man erwischt wurde, gab es Bestrafungen, z. B. Ausgangssperre, Urlaubssperre etc..

Nun wieder zurück zu unserer aktuellen Wanderung rund um Melpers. Unweit dieses Beobachtungspostens auf dem Stellberg mit Blick auf Melpers, in etwa 300 m Entfernung davon in nordwestlicher Richtung unweit der Grenze, befand sich damals ein Beobachtungs- und Aufklärungsposten der Roten Armee (GSSD). Dieser war der Außenposten des Aufklärungsstützpunktes der sowjetischen Streitkräfte auf der Hohen Geba in der Nähe von Helmershausen und hatte damals die Aufgabe, den Beobachtungsposten der US Army auf dem gegenüberliegenden Abtsberg (622 m) auf bayerischer Seite der Grenze zu observieren und eventuelle Truppenbewegungen der US Army auf der Straße von Oberfladungen nach Melpers aufzuklären. *Uns war die Kontaktaufnahme mit den sowjetischen Soldaten streng untersagt und wir durften uns diesem Beobachtungsposten im Erdbunker aus Beton nicht nähern. Selten kam ein sowjetischer Soldat am Tag zu uns, um von uns Wurstbüchsen oder Zigaretten zu erbitten. Die Versorgung der sowjetischen Soldaten auf diesem abgelegenen Außenposten war miserabel. Keiner von uns kulinarisch verwöhnten Grenzsoldaten hätte die Verpflegung der sowjetischen Soldaten jemals gegessen. Ein etwas mulmiges Gefühl beschlich uns bei diesen seltenen Überraschungsbesuchen am Tag durch die einzelnen Rotarmisten, auch wegen ihrer Bewaffnung.*

Auch sehr aufmerksam waren wir Grenzer am Schlagbaum zum Schutzstreifen nach Melpers, wenn sich ein Militärfahrzeug der GSSD, also der sowjetischen Streitkräfte, dem Schlagbaum näherte. Sehr selten war es schon in der Vergangenheit an der Grenze zu bewaffneten Grenzdurchbrüchen von sowjetischen Soldaten gekommen. Deshalb war bei der Einfahrtkontrolle in den Schutzstreifen dieser Militärfahrzeuge große Aufmerksamkeit und Vorsicht geboten.

Nun treten wir an der Waldkante den Rückweg nach Melpers an, der in ungefähr 100 m Entfernung von der ehemaligen Grenze verläuft.

Bevor wir zu der von mir selbst erlebten Grenzgeschichte in Melpers kommen, noch ein paar Sätze zum sogenannten „Feindkontakt" der Grenzsoldaten im Grenzdienst. Im Politunterricht in der Grundausbildung im Ausbildungsregiment wurde sehr viel Zeit dem Thema „der Feind an der Staatsgrenze" gewidmet, damit wir im Grenzdienst dann ideologisch „geschult und gestählt" dem Klassenfeind stets wachsam gegenüberstehen konnten. An der Grenze stand uns der „Feind" als BGS-Angehöriger, Angehöriger der bayerischen Grenzpolizei, bayerischer oder hessischer Zollbeamter, Soldat der US Army oder als einfacher Zivilist (BRD-Bürger) auf einer Entfernung von 30 bis 50 m gegenüber. Wir hatten Befehl, kein einziges Wort oder

Kolonnenweg bei Melpers zum Stellberg

Gruß per Handzeichen, Kopfnicken oder Ähnlichem mit dem „Feind" zu wechseln, sofort bei Sichtung des „Feindes" war eine Meldung über das Grenzmeldenetz (GMN) oder Funk an die Führungsstelle über „Feindkontakt" zu machen und danach kam immer der Befehl, aus dem direkten Blickfeld des Feindes zu verschwinden oder abzutauchen, z.B. im Kfz-Sperrgraben, wenn ein solcher vorhanden war. Ob sich immer alle Postenpaare konsequent daran gehalten haben, bezweifle ich.

Im letzten Diensthalbjahr als Entlassungskandidat (EK) habe auch ich mal auf den Gruß der Beamten der bayerischen Grenzpolizei am Grabenberg bei Frankenheim mit einem Lächeln und verstecktem kurzen Handzeichen reagiert. Ganz „zornige", das war der Ausdruck für nicht so befehlstreue Postenführer und EK, haben dem „Feind" mal ihr Bandmaß mit einem breiten Grinsen im Gesicht gezeigt. Direkte, kurze Gespräche über den Zaun hat es während meiner Dienstzeit nicht gegeben.

Dafür war der interne Druck des MfS und der Kompanieführung auf die Soldaten zu groß. In den frühen 60er Jahren soll es durchaus Gespräche und Kontakte von Grenzsoldaten mit dem „Feind" gegeben haben. Unsere größten echten „Feinde" an der Grenze waren andere als die „befohlenen Feinde", z.B. das schlechte Wetter auf der Rhön, die Müdigkeit in der Nachtschicht, die gähnende Langeweile, Hunger oder Durst, unangekündigte Kontrollstreifen im Grenzabschnitt, die übereifrigen Grenzaufklärer und ganz seltene kleine Grenzprovokationen von bundesdeutscher Seite, z.B. Imitation einer Minendetonation im Grenzabschnitt, Beschädigen einer Grenzsäule, Betreten des Vorgelagerten oder anderes. Die uns damals gegenüberstehenden BGS-Beamten, bayerischen Grenzpolizeibeamten, Zollbeamten oder auch die US Army-Angehörigen und Zivilisten haben wir nicht als unseren wirklichen „Feind" an der Grenze betrachtet.

sinnvolle Zweitnutzung: Teile des Streckmetallzauns nach der Grenzöffnung

Wer noch Interesse hat, dem sei ein kleiner Spaziergang am Dorfrand von Melpers empfohlen. Da kann man die DDR-typische Eigenschaft der Verwertung alles Nützlichen beobachten: In vielen Gärten bekamen Teile des Streckmetallzauns nach der Grenzöffnung eine sinnvolle Zweitnutzung, z.B. als Geflügelzaun oder Komposthaufenabgrenzung.

In Melpers gibt es leider keine Gaststätte, in der wir uns nach der Wanderung etwas stärken könnten. In Kaltensundheim, ca. 8 km entfernt von Melpers, ist die Gaststätte „Zur guten Quelle" sehr zu empfehlen. Dort erhält der Gast sehr leckere Speisen, die typisch für die Rhön sind, z.B. Lammbraten vom Rhönschaf. Auf bayerischer Seite in Oberfladungen und Fladungen gibt es eine Reihe guter Gasthöfe.

Besonders zu empfehlen ist eine Besichtigung der schönen Altstadt von Fladungen mit alten Fachwerkhäusern im fränkischen Stil, der Stadtmauer aus dem 14. Jahrhundert mit sechs gut erhaltenen Wehrtürmen, des Fürstbischöflichen Würzburgischen Amtshauses mit dem dort befindlichen Rhönmuseum, der Stadtkirche Sankt Kilian und des Fränkischen Freilandmuseums Fladungen. Auf dem weitläufigen Gelände sind originalgetreu 20 Häuser und Höfe aus der Region Grabfeld, den Haßbergen, dem Spessart und der Rhön wieder aufgebaut worden; der Besuch lohnt sich.

Gleich neben dem Freilandmuseum ist die Museumsbahnstrecke der Streutalbahn von Mellrichstadt über Ostheim/Rhön nach Fladungen zu sehen. Von dort können zu bestimmten Terminen Nostalgiefahrten mit der Dampflokomotive und den dazugehörigen Wagen unternommen werden.

Zum Schluss, wie immer bei unseren Wanderungen, kommen zwei Grenzgeschichten. Eine davon habe ich selbst als Postenführer erlebt. Die zweite Grenzgeschichte handelt von der bereits erwähnten Flucht der vier jungen Männer aus Erfurt im Jahr 1965, die sich in der Nähe des Nördlichsten Punktes von Bayern zugetragen hat.

„Rauchende Colts" bei Melpers

Meine ehemalige Kompanie, die 10. Grenzkompanie in Frankenheim/Rhön im Grenzregiment 3 Dermbach, ging 1976 schrittweise von der Kompaniesicherung zur Bataillonssicherung über. In den 80er Jahren ist man wieder davon weggegangen und zur Kompaniesicherung zurückgekehrt, weil sich die Bataillonssicherung wegen der langen Anmarschwege zur Grenze als zu aufwändig und als uneffektiv erwies.

Also hatten wir mit der Bataillonssicherung das „Vergnügen", als Kompanie den Bataillonsbereich von Kaltenwestheim (9. Kompanie) bis nach Stedtlingen (12. Kompanie) mit mehr als 70 km Grenzlänge insgesamt zu sichern.

Während dieser Zeit war ich vielleicht fünfmal als Posten oder Postenführer in Melpers eingesetzt und kannte mich dort ziemlich gut aus.

Dort bezogen wir befehlsgemäß fast immer Posten oben auf dem Stellberg oberhalb von Melpers, um das ganze Dorf sicher im Blick zu haben.

Wir wussten aus Erfahrung, dass auf der Verbindungsstraße zwischen Melpers und Oberfladungen fast jeden Tag Kontrollfahrten der Bayerischen Grenzpolizei, des Zolls, des BGS oder der US Army an der Straße bis fast zur Grenzsperre gingen, und uns, ebenso wie die Sowjetsoldaten auf dem Horchposten am Stellberg, und das Dorf im Auge hatten.

Als ich als Postenführer wieder einmal in Melpers eingesetzt war, ereignete sich Folgendes:

Wir saßen oben auf dem Stellberg in der Frühschicht und uns war gähnend langweilig. Also fragte ich den Diensthabenden auf der FüSt, ob wir uns auf Streife vom Stellberg zur Straße zum vormaligen Straßenübergang nach Oberfladungen-Melpers begeben durften, da unten an der Straße alles sehr ruhig auf bayerischer Seite war.

Wir erhielten den Befehl, uns auf Streife zur Straße zu bewegen. Unten angekommen war alles ruhig und wir beobachteten mit dem Fernglas die Straße in Richtung Ortseingang Oberfladungen. Dort standen wir ca. 5 Minuten, als wir einen Jeep der US Army aus Richtung Oberfladungen, etwa 1 km entfernt von uns, vorfahren sahen. Die Amerikaner fuhren fast bis zum Grenzschlagbaum auf ihrer Seite der Grenze und stellten den Jeep dort ab. Die US-Soldaten sahen zu uns 'rüber aus ca. 50 m Entfernung und sprachen uns auf Englisch und Deutsch an. Sie winkten und gestikulierten, dass wir zu ihnen über die Grenze kommen sollten. Wir reagierten befehlsgemäß nicht auf die Kontaktaufnahme. Ich gab an die Führungsstelle nicht sofort per GMN weiter, dass wir jetzt „Feindkontakt" hatten, aus Neugierde, was passieren würde.

Als wir auf die Ansprache und das Winken nicht reagierten und wie aus Stein gemeißelt dastanden, stieg ein Corporal (Unteroffizier) aus dem Jeep aus und ging bis zu den bayerischen Grenzpfosten.

Zwischen uns waren nur der ca. 2 m hohe Grenzzaun, die Minensperre, der 6M-Kontrollstreifen und der Kfz-Sperrgraben. Der Abstand zwischen uns und dem US-Corporal betrug etwa 40 bis 50 m.

Der Corporal sprach mich erneut auf Englisch und Deutsch an. Meinem Posten hatte ich bereits befohlen, im Sperrgraben zu verschwinden. Ich blieb regungs- und sprachlos ihm gegenüber stehen, was dem Corporal scheinbar missfiel.

Er zog daraufhin seine Pistole aus der Pistolentasche am Koppel und zielte ein oder zweimal auf mich und drehte die Pistole dabei wie in der Westernserie „Rauchende Colts" lässig um den Zeigefinger.

Da wurde mir die Angelegenheit zu heiß und ich meldete den „Feindkontakt" an die Führungsstelle. Sofort bekamen wir den Befehl, im Sperrgraben zu verschwinden und uns im Sperrgraben gedeckt von der Straße zu entfernen. Der Befehl wurde von uns ausgeführt und wir tauchten in gut 30 m Entfernung wieder auf. Die US-Soldaten sahen uns dann wieder und verloren den Spaß an ihren „Spielchen" und der Kontaktaufnahme mit uns. Sie stiegen in den Jeep und fuhren wieder zurück nach Oberfladungen.

Bei der Aktion des Corporals war mir etwas mulmig, weil ich nicht wusste, ob die Pistole geladen und entsichert war. Darüber hinaus war meine Handlung, das „bewusste Stehenbleiben und Warten", bis die US-Streife vorgefahren war, auch nicht korrekt nach Grenzdienstvorschrift. Wir wussten nicht, ob eine Kontrollstreife, ein im Gebiet befindlicher Grenzaufklärer oder Grenzhelfer aus dem Dorf Melpers uns bei dem „vorhersehbaren Feindkontakt" beobachten konnte oder die Sowjetsoldaten oben am Beobachtungsposten auf dem Stellberg eventuell Meldung über unser Grenzdienstverhalten an deren Führungsstelle gemacht hatten.

Glücklicherweise hatte niemand die Aktion beobachtet und uns bei der Führungsstelle gemeldet.

Flucht von vier jungen Männern aus Erfurt (Gert G.)

Vorgeschichte: Ich wurde 1944 in Wien geboren. Als der Krieg zu Ende war, war ich ein Jahr alt. Meine Mutter zog zu ihrem Mann nach Erfurt/Thüringen. So bin ich dort aufgewachsen. 1950 kam ich in Erfurt in die Schule. In der DDR gab es zu dieser Zeit 8 Jahre Grundschule für alle, + 2 Jahre = Mittlere Reife, + 4 Jahre Abitur. Nach 8 Jahren, 1958, hatte ich ein Abschlusszeugnis mit Durchschnitt 2,0, und ich wollte auf die Oberschule (Gymnasium), um das Abitur zu machen. Das wurde mir mit fadenscheinigen Gründen verweigert. Mein Stiefvater, meine Mutter hatte sich 1948 von meinem Vater scheiden lassen, war ein bekannter, selbstständiger Goldschmiedemeister in Erfurt. Das war offensichtlich der Grund für meine Nichtzulassung zum Gymnasium.

So lernte ich einen Beruf als Maurer. Eine zur damaligen Zeit sehr schwere körperliche Tätigkeit, da wenig mechanisiert. Man konnte mit dem Gesellenbrief und der Mittleren Reife eine Fachschule besuchen und dort den Fachschulingenieur machen. Ich meldete mich auf der Volkshochschule an für einen Abendkurs zur Mittleren Reife. Mit 17 Jahren hatte ich es geschafft, nach 3 Jahren Lehre und 2 Jahren Abendschule, den Gesellenbrief und das Abschlusszeugnis der Mittleren Reife in der Hand zu haben. Ich bewarb mich bei der Fachschule in Apolda, einer kleineren Kreisstadt in Thüringen, und erhielt wieder eine Ablehnung. Ich sollte erst einmal Wehrdienst bei der NVA machen. Also zur NVA, dort war ich bei der Grenzbrigade Küste, einer Einheit, die an der Ostseeküste den Grenzdienst versah, damit keiner nach Dänemark oder Schweden entfleuchte. Dort war ich vom 2. Mai 1963 bis 31.10.1964. Wieder zu Hause in Erfurt, habe ich mich erneut beworben bei der Ingenieurschule, wieder Ablehnung.

Damit wusste ich, die DDR war für mich gegessen. Aber wie rauskommen? Seit drei Jahren war die Mauer gebaut und die Westgrenze scharf bewacht. Da spielte der Zufall eine Rolle. Als ich im November 1964 aus einem Kino kam, traf ich einen ehemaligen Mitschüler aus der Berufsschule. Wir sprachen so miteinander, da wir uns länger nicht gesehen hatten. Da ließ er durchblicken, dass er die DDR verlassen wollte. Ich wusste, dass er auch gerade von den Grenztruppen entlassen worden war. Ich sagte ihm, dass er mich mitnehmen solle, er war Unteroffizier auf der 10. Grenzkompanie in Frankenheim/Rhön gewesen. Das sagte er mir zu. Ich wich ihm von nun an nicht mehr von der Seite, da er das noch zwei anderen Freunden versprochen hatte. Ich kannte diese Freunde von ihm noch nicht, lernte sie dann aber kennen. Sie erzählten, dass sie 1962 schon einen missglückten Fluchtversuch unternommen hatten, dafür eineinhalb Jahre gesessen hatten. Sie waren in Richtung Grenzgebiet mit der Eisenbahn gefahren und von der Bahnpolizei kontrolliert worden. Bei der Befragung, wohin sie denn wollten, kamen sie ins Stottern und wurden von den Bahnpolizisten festgenommen und weiter verhört. Da gaben sie zu, dass sie „abhauen" wollten. Ich sagte ihnen, es gäbe einen besseren Weg, nämlich mit dem Auto

Richtung Grenze. Da wird man nicht kontrolliert vor der 5 km Sperrzone. Da wir alle kein Auto hatten, ich aber einen Führerschein, machte ich den Vorschlag, ein Auto vom VEB Kraftverkehr Erfurt zu leihen. So weit, so gut, wurde gemacht.

Wir mussten aber den Winter 1964/65 abwarten, da in der Rhön viel Schnee lag und dann ist es fast unmöglich, dort durch das Gelände zu laufen. Anfang März legten wir das Fluchtdatum auf den 15. März. Doch plötzlich war wieder ein Wintereinbruch und wir mussten den Termin verschieben. Neuer Termin 31. März 1965, das war ein Dienstag. Am Freitag zuvor holte ich mir bei dem staatlichen Autoverleiher das Auto. Wir machten am Wochenende noch ein paar Touren, jedoch die Spannung stieg. Wir klopften den Plan auf Mängel ab, sprachen immer wieder alles durch. Am Mittag des Fluchttages verließen wir unsere Heimatstadt Erfurt. Es war ein Scheißgefühl, wir wussten nicht, wie viele Jahre wir diese Stadt nicht wiedersehen würden.

Schloss in Kaltennordheim mit 500jähriger Amtslinde

In Erfurt-West fuhren wir auf die Autobahn (heute A 4) Richtung Eisenach. In Eisenach angekommen, gingen wir auf die Wartburg und aßen im Restaurant fürstlich für unsere letzten DDR-Mark. Am späten Nachmittag fuhren wir weiter Richtung Grenze. Ziel für das Auto war Kaltennordheim. Hinter dem Ort begann die Sperrzone.

Wir wollten das Auto am Ortseingang in einer Seitenstraße parken, jedoch mein Kumpel verpasste diese Straße, so dass wir plötzlich mitten in Kaltennordheim waren. Das war gefährlich, da wir vier Fremde in einem solchen Grenzort, in dem damals das Bataillon stationiert war, sofort auffielen. Es war abends 20 Uhr. Ich reagierte schnell und stellte den Wagen auf dem Bahnhofsvorplatz ab und sagte meinen Fluchtkameraden, ganz unauffällig ruhig, aber zügig das Auto mit mir zu verlassen. Das gelang offensichtlich auch, und wir gingen ins Gelände etwa 10 km über Felder und Wald. Kurz vor dem Kolonnenweg an der Grenze in der Nähe vom nördlichsten Punkt Bayerns hörten wir leise Stimmen im Wald. Wir konnten in einiger Entfernung zur Grenze ein Grenzpostenpaar hören und warfen uns auf die Erde im Wald. Nach einer halben Stunde hörten wir nichts mehr und schlichen weiter. Auf einem Waldweg plötzlich sagte unser Führer, der ehemalige Unteroffizier aus Frankenheim, plötzlich Stopp und zeigte uns einen dünnen Draht, der über den Weg gespannt war, eine Falle, ein über den Weg installiertes Signalgerät. Wir hätten einen Leuchtraketenabschuss ausgelöst und das wär's gewesen. Wir umgingen das Hindernis und weiter Richtung Grenze. Plötzlich öffnete sich der Wald, und ich sah einen hohen Wachturm. Ich erschrak, aber mein Kumpel beruhigte mich, dass die Wachtürme nur tagsüber besetzt seien. So standen wir vor einem etwa 2 m hohen alten Stacheldrahtzaun, der die Minensperre der Grenze umzäunte. Unser Kamerad wusste, wie die Minen verlegt waren, und es lag im Minenfeld noch ca. 25 cm Altschnee. Wir durchkletterten nacheinander in der gleichen Fußspur die Grenze und überwanden auch den letzten Stacheldrahtzaun unbeschadet. Als einziges hatte meine Hose ein Loch vom Stacheldrahtzaun abbekommen. Es war 2:10 Uhr am Morgen, als wir Bayern betraten. Wir waren also 6 Stunden zu Fuß von Kaltennordheim vorsichtig unterwegs gewesen, praktisch immer unter der Bedrohung, entdeckt zu werden. Da sackst du anschließend in dich zusammen.

Auf der Dienststelle der bayerischen Grenzpolizei meldeten wir vier uns und dann begann der ganze bürokratische Weg der Eingliederung.

Frankenheim Kirche – Heimatblick – Rhönkopf – Thüringer Rhönhaus – ehemalige Kompanie – Frankenheim Kirche

Bevor wir unsere nächste Rundwanderung an der ehemaligen Grenze auf der Hohen Rhön bei Frankenheim beginnen, möchten wir noch etwas zu den Besonderheiten dieses Abschnittes sagen. Die Wanderwege sind teilweise dürftig ausgebaut und schlecht ausgeschildert, weshalb unser Wandervorschlag auch längere Off-Grid-Abschnitte enthält. Es sei dem Wanderer natürlich freigestellt, sich über eine Wander-App oder das eigene Kartenmaterial nur auf offiziellen Wegen zu bewegen. Wir haben diese Wanderung mehrmals zu unterschiedlichen Jahreszeiten gemacht und sind gut mit den Off-Grid-Abschnitten zurechtgekommen.

In Frankenheim, auf der 10. Grenzkompanie des Grenzregimentes Dermbach, habe ich nach Abschluss des ersten Diensthalbjahres im Grenzausbildungsregiment

Tourdaten:
mittelschwer – 10,6 km (1,7 km Off-Grid) – 3 Stunden – 130 Höhenmeter

Maplibre | © Komoot | Map data © OpenStreetMap-Mitwirkende"

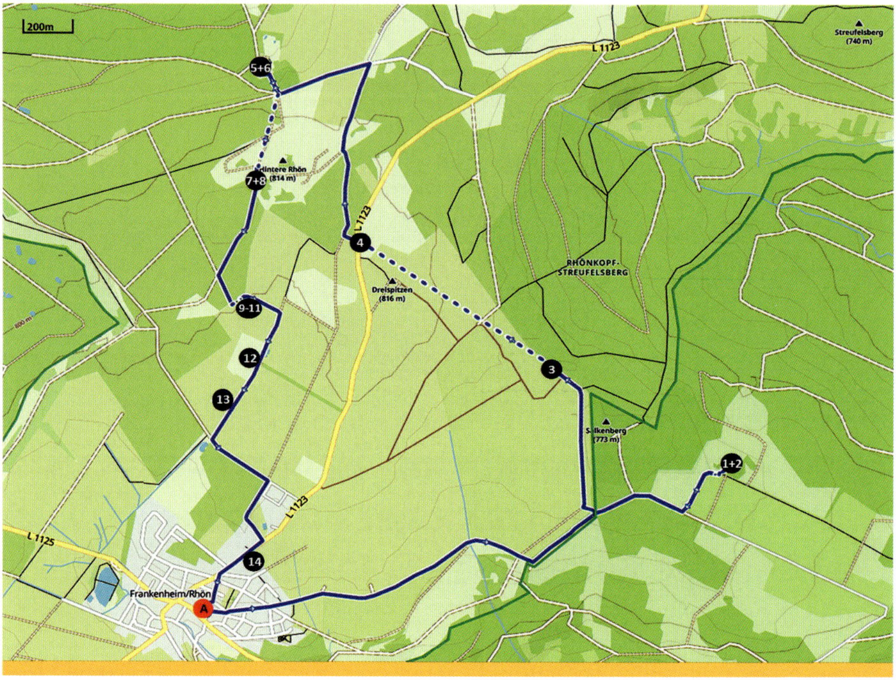

in Eisenach von Ende 04/76 bis Ende 04/77 meinen Grenzdienst abgeleistet. Die 10. Grenzkompanie Frankenheim (804 m über NN) war die höchstgelegene Grenzkompanie der DDR. Sie war höher gelegen als die Kompanien im Harz oder Thüringer Wald.

Wenn man sich die Topografie von der 9. bis zur 12. Kompanie des Grenzregimentes 3 in Dermbach näher anschaut, dann kann man etwas stark vereinfacht sagen, dass die Grenze auf einer „Linie" von Nordwest nach Südost verläuft, mit einer schmalen, sackartigen Ausbuchtung nach Süden. Dort, an der Öffnung des Sackes, war die DDR maximal etwa 5 km breit und verjüngte sich an der schmalsten Stelle in der Südspitze bei Birx auf unter 1 km. Die gesamte Seitenlänge des Sackes betrug ca. 20 km. Das war der Grenzabschnitt der Kompanie Frankenheim. Mitten im Sack lag Frankenheim, *so dass wir jetzt, politisch gesehen, trefflich mit den Worten meines Kameraden Wolfgang I. ausgedrückt, sagen konnten: „Wir haben von drei Seiten Westen, nur im Norden, da war Osten".*

am „Heimatblick": Blick ins Feldatal

Diese besondere Lage hatte zur Folge, dass „eifrige Wanderer" von Ost nach West, also Flüchtlinge, wenn sie nicht in den „Sack" rechtzeitig abbogen, nur auf die Abschnitte der 9., 11. und 12. Grenzkompanie stießen. Im Abschnitt Frankenheim gab es also nur zwei Arten von möglichen Republikflüchtlingen, nämlich Grenzsoldaten und Einheimische. Beide konnten zu unserer Zeit über die Grenze in die Bundesrepublik gehen, wenn und wann sie wollten, ohne dabei in ein Signalgerät zu laufen oder auf eine funktionstüchtige Mine zu treten. „Sie konnten sich dazu auch noch aussuchen, ob sie nach Hessen oder in den Freistaat Bayern gehen wollten!" sagte mein Kamerad Wolfgang. So viel zu den geografischen und topografischen Besonderheiten des Grenzabschnittes der 10. Grenzkompanie in Frankenheim.

Eine weitere Besonderheit von Frankenheim war, dass der Ort aufgrund des extrem hohen Alkoholkonsums die Gemeinde mit dem höchsten statistisch ermittelten Pro-Kopf-Alkoholkonsum der DDR war. Das hing auch mit der isolierten

Steinwall an der Grenze bei Frankenheim

geografischen Lage Frankenheims auf DDR-Gebiet zusammen und war wohl auch schon historisch immer so gewesen.

Eine solche Erfahrung machte auch ein Oberst des Grenzkommando Süd aus Erfurt, als er die Kompanie in Frankenheim im Rahmen einer planmäßigen Inspektion im Jahr 1978 besuchte. Mehrere PKW mit hohen Offizieren aus dem Grenzkommando Erfurt befuhren die Straße von Reichenhausen nach Frankenheim. Der Oberst sah in den Straßengräben links und rechts eine Unmenge leerer Schnapsflaschen und vermutete sofort, dass diese von den Grenzsoldaten der Kompanie Frankenheim im Dienst an der Grenze oder im Ausgang konsumiert worden waren. Der Genosse Oberst ließ Dutzende leerer Schnapsflaschen von seinem Gefolge einsammeln und in Kartons und Säcke legen und präsentierte diese wutentbrannt dem Kompaniechef. Bei seiner Wutrede ist die Rede von einem „total verlotterten

Sauhaufen, von ewig besoffen und unfähig, den Kampfauftrag zu erfüllen" etc.. Der Kompaniechef war zuerst vollkommen irritiert über diese unerwartete harsche Kritik und erläuterte dann glaubhaft dem Oberst aus Erfurt, dass diese Spirituosen von den Arbeitern und Genossenschaftsbauern aus Frankenheim bei ihrem Weg zur oder nach der Arbeit mit dem Bus nach Kaltennordheim, Merkers oder Meiningen konsumiert und meistens leider durch das Fenster des Linienbusses in den Straßengraben links und rechts befördert wurden.

Frankenheim mit ungefähr 1.250 Einwohnern ist der höchstgelegene Ort in der Rhön. Das Dorf liegt auf einer Höhe von 750 bis 780 m über NN. Unser Startpunkt ist in Frankenheim an der evangelischen Kirche. Es ist eine etwas mehr als hundert Jahre alte Kirche im neogotischen Baustil. Ein Blick in die geöffnete Kirche wird empfohlen.

Der Offizier in der Kirche

Zu dieser Kirche gibt es auch ein Ereignis von 1979 oder 1980 zu berichten, bei dem das ständige Misstrauen der Grenztruppen der Kirche gegenüber sichtbar wird. Die Soldaten der Kompanie hatten Ausgang und wurden wie üblich mit dem LO bis vor die Gaststätte im Ort gefahren und dort „abgeladen". Nicht wie sonst üblich sind nicht alle Soldaten sofort in die Gaststätte gestürmt, sondern zwei Grenzsoldaten sahen von der Gaststätte aus die Kirchentür offen stehen und gingen in die Kirche, um diese zu besichtigen. Es war kein Gottesdienst oder eine andere kirchliche Veranstaltung im Gange. Nur der Pastor war da, begrüßte die beiden Grenzsoldaten und zeigte ihnen die Kirche. Als die beiden die Kirche betraten, sah dies der Grenzaufklärer der Kompanie. Er folgte den beiden Grenzern kurze Zeit später in die Kirche und stellte sie wegen der Kirchenbesichtigung im Beisein des Pastors zur Rede. Der Pastor verwies den Oberfeldwebel wegen seiner Bewaffnung aus der Kirche. In erster Linie wohl aber, weil ihm der Auftritt und der raue Ton sehr missfielen. Für die Grenzer hatte die Kirchenbesichtigung keine nachteiligen Folgen. Der Pastor aber meldete die Aktion des Oberfeldwebels seinem Superintendenten, dem höchsten Pastor im Kreis Meiningen, und dieser leitete die Information vermutlich an seinen Bischof weiter. Der Bischof wiederum verständigte darüber das Grenzkommando in Erfurt oder den Kommandeur des Grenzregiments 3 in Dermbach.

Diese Anekdote kursierte lange als Gerücht unter dem Titel „Der Offizier in der Kirche". Tatsächlich handelte es sich um einen übereifrigen Berufsunteroffizier, der bis zur Wende in Frankenheim als Grenzaufklärer diente, wie mir ein ehemaliger Berufsunteroffizier aus Frankenheim erzählte.

Zur Wanderung: Wir beginnen sie an der Kirche (A) und gehen in östlicher Richtung auf der Straße bis zum Ortsausgang. Dort führen mehrere Wanderwege entlang der ehemaligen Grenze auf der Hohen Rhön im Thüringer Gebiet, z. B. ein Teilstück des Museumsweges wie auch der uns schon bekannte Friedensweg, der an der GÜSt Henneberg/Eußenhausen beginnt und in Birx endet. Wir begeben uns auf den Weg Nr. 1 und gehen weiter in östlicher Richtung ca. 1.100 m ab dem Ortsende bis zur ehemaligen Grenze, die auf dieser Seite von Frankenheim an den Freistaat Bayern grenzt. 1976/77 bestand die letzte Sperre aus einem maroden, ca. 1,80 m hohen Stacheldrahtzaun. Eine funktionsfähige Minensperre existierte nicht, weil der extrem steinige Boden eine Minenverlegung schier unmöglich machte. Die Grenze wurde markiert durch eine ganze Reihe von großen Steinhaufen, die Dienstverpflichtete des Reichsarbeitsdienstes 1936 bis 1938 zur besseren Nutzung der Wiesen und Weiden gesammelt und aufgeschüttet hatten. An diesen Steinhaufen wuchsen im Verlauf der Jahrzehnte große Bäume. So viel zum Zustand der Staatsgrenze der DDR im Gebiet um den Rhönkopf im Jahr 1976.

Hier an diesem Grenzabschnitt von Frankenheim muss ich an ein anderes unschönes Kapitel der DDR-Grenze erinnern, welches mir immer in Erinnerung geblieben ist. Das Kapitel „Trassenhunde am Laufseil". Wir Grenzsoldaten wurden damals im Grenzabschnitt oberhalb der Ortsgrenze Frankenheims nicht ganz vorn an der eigentlichen Grenze eingesetzt, weil aufgrund des maroden Zustandes der Grenze 1976/77 die Gefahr von Fahnenfluchten als zu hoch eingeschätzt wurde. Wir waren ca. 300 bis 400 m vor der eigentlichen Grenze auf den der Grenze vorgelagerten Rinderweiden, beginnend am Ortsrand Frankenheim bis zur Waldkante bei „Drei Spitzen", als Beobachtungsposten oder Grenzstreife eingesetzt. Es gab hier zu dieser Zeit auch noch keinen der Grenze vorgelagerten Grenzsignalzaun. Der Grenzsignalzaun, der hier installiert war, der bellte Tag und Nacht! Um für mögliche Flüchtlinge eine abschreckende Wirkung zu erreichen, waren hier Trassenhunde, meist Schäferhunde, Riesenschnauzer oder große Mischlingshunde an Laufseilen mit einer Länge von ca. 40 m vor der eigentlichen Grenze eingesetzt, insgesamt ca. 30 Trassenhunde. Sie führten kein schönes Leben auf der Hohen Rhön. Tag und Nacht waren sie draußen und hatten fast keinen Kontakt zu Menschen. Jeder der Hunde hatte eine massive Holzhütte als Wetterschutz. Die Hunde wurden von sogenannten „Hundemulis", z.B. dem „Hunde-Rudi" und dem „Hunde-Ping", zwei Grenzsoldaten und einem LO-Fahrer aus dem Bataillon Kaltennordheim versorgt. Ihre Aufgabe bestand darin, alle Trassenhunde täglich mit Wasser und Futter zu versorgen sowie kranke Hunde zum Tierarzt zu bringen und gegen andere auszutauschen. Das war für die Soldaten auch ein harter Job, bei jedem Wetter das ziemlich unappetitliche Hundefutter in großen Milchkannen zu den Hunden zu schleppen. Die Hunde freuten sich riesig auf die tägliche Fütterung, das wöchentliche Säubern der Hundehütten und ein paar Streicheleinheiten, die sie erhielten. Uns Grenzsoldaten war der Kontakt mit den Trassenhunden verboten, weil diese bei Annäherung von Menschen (Flüchtlingen) durch ihr Gebell die Grenzposten aufmerksam machen und nicht an die Grenzer gewöhnt werden sollten. An diese Weisung haben wir uns oft nicht gehalten. In den frühen Morgenstunden vor der Ablösung von der Nachtschicht sind wir zur Hundetrasse gegangen und haben zutrauliche Hunde gestreichelt und reichlich mit Pausenbroten und Komplektebüchsen (Wurstbüchsen) gefüttert, die wir extra für die Hunde mitnahmen, wenn wir auf dem OBTW (Oberer-B-Turm-Weg) zwischen Frankenheim und der Waldkante bei „Drei Spitzen" eingesetzt waren. Die Hunde haben sich über das extra Futter und vor allem über die Streicheleinheiten riesig gefreut und ließen uns Grenzer kaum mehr gehen.

Wir gehen parallel zur bayerischen Grenze bis zur Waldkante in der Nähe „Drei Spitzen" (höchster Punkt der Thüringer Rhön mit Sendemast bebaut, 816 m über NN) und dann weiter ca. 200 m durch den Fichtenhochwald entlang der ehemaligen Grenze in Richtung Salkenberg auf bayerischer Seite. Alte Grenzsteine aus dem 19. Jahrhundert und blauweiße bayerische Grenzpfosten säumen den Weg und biegen im Wald nach rechts ab.

Es war schon zu DDR-Zeiten mit dem LO nahezu unmöglich, hierhin zu fahren, weil das Gelände in Richtung der 11. Grenzkompanie Erbenhausen dort im Wald im Gebiet Rhönkopf – Streufelsberg sehr stark abfällt. Heute ist dieser „neue Urwald" ein Teil des Biosphärenreservats „Lange Rhön" mit streng geschützten Pflanzen und Tieren. Der ehemalige 6m-Kontrollstreifen ist vollkommen mit Bäumen und Gebüsch zugewachsen und nicht passierbar. Um diesen Abschnitt zu erwandern, bräuchte man auf einer Länge von etwa 3 km eine Machete oder besser noch eine Kettensäge, um sich den Weg freizuhauen oder freizusägen.

am „Heimatblick": Blick Richtung Süden

Deshalb gehen wir auf dem ausgeschilderten Wanderweg auf bayerischer Seite weiter zum Aussichtspunkt „Heimatblick" (1+2), der auf ca. 780 m über NN liegt und einen fantastischen Ausblick auf die Vorderrhön in östlicher und südlicher Richtung ermöglicht. In südlicher Richtung kann man von hier aus bei guter Fernsicht die Gleichberge bei Römhild in ca. 40 km Entfernung sehen. Seinen Namen „Heimatblick" für diesen schönen Aussichtspunkt auf die Rhön und den angrenzenden Thüringer Wald erklärt uns die nebenstehende Tafel des Rhönklubs.

Wir machen kehrt und gehen wieder zurück zur Waldkante, biegen nach rechts auf den Kolonnenweg ab und gehen ca. 800 m nach Nordwesten, Richtung Sendemast. Anschließend (3) müssen wir einen guten Kilometer auf den Weiden am Waldrand gehen, da hier kein offizieller Weg vorhanden ist. Bei der Wanderung von April bis Ende September ist hierbei zu beachten, dass wir verschiedene Mutterkuhweiden mit Weidenzäunen passieren oder direkt am Waldrand entlang bis zur Straße ausweichen müssen. Am Ende unseres Weges an der Waldkante bei „Drei Spitzen" gelangen wir an die Straße Reichenhausen-Frankenheim (4) und überqueren diese in Richtung Parkplatz. Nach ca. 1,5 km auf dem anschließenden Wanderweg erreichen wir die Gaststätte „Thüringer Rhönhaus" (5+6).

Diese war bis Ende 1989 ein Objekt der MfS-Bezirksverwaltung Suhl. Ab Anfang der 60er Jahre bis 1982 wurden dort Schleusungen von Kundschaftern (Agenten) sowie Informationen und Material für Kundschafter von Ost nach West und retour durch das MfS vorbereitet und durchgeführt. Die Schleusungen wurden etwa 1 km entfernt vom Objekt Rhönhaus im Wald des Grenzabschnitts „Alte Rechte" bis „Haarnadelkurve" durchgeführt. In der Zeit der Schleusungen, immer in der Nacht, durften keine Posten der Grenztruppen in diesem Abschnitt im Einsatz sein.

Das Objekt Rhönhaus wurde seit 1983 anderweitig vom MfS genutzt, weil ein Kundschafter Ende 1982 übergelaufen war und somit das Schleusungsobjekt für das MfS „verbrannt" war. Nach unbestätigten Angaben, die ich von einem ehemaligen hauptamtlichen MfS-Mitarbeiter erhielt, soll sich im Abschnitt der Grenzkompanie Frankenheim noch bis in die 70er Jahre in der Nähe der ehemaligen Birxer Mühle eine zweite Schleuse an der Grenze befunden haben. Dort sollen handverlesene MfS-Angehörige vorrangig Gegenstände und Informationsmaterial für die Kundschafter hin und zurück über die Grenze gebracht haben. Eventuell korrespondiert diese Information auch mit der nachfolgenden Grenzgeschichte meines Kameraden Wolfgang I., „Mit einem Bein in Schwedt", die sich im Jahr 1975 ereignete?

Heute ist das „Rhönhaus" eine sehr gemütliche Ausflugsgaststätte mit einem reichhaltigen Speisenangebot. Für den Rückweg nehmen wir über 200 m die Zufahrtstraße zum Rhönhaus und gehen direkt bergan über die Rinderweiden. Bei Viehauftrieb auf den Weiden muss der Wanderer sich am Waldrand entlang bergauf begeben. Nach ca. 500 m über die Weiden (7) erreichen wir einen Wanderweg (8) und folgen diesem in Richtung Süden. Dann erreichen wir die Waldkante. Davor liegen die ausgedehnten Rinderweiden der Agrargenossenschaft Bettenhausen und wir sehen die Stallanlagen. Nach 250 m (9-11) durch die Weiden bzw. am Waldrand entlang erreichen wir die Stallanlagen (12) an einem Feldweg. In 200 m Entfernung stehen wir vor dem Objekt einer Schinkentrocknerei für Hohenloher Schinken aus Baden-Württemberg. An diesem Standort befand sich bis 1993 die 10. Grenzkompanie Frankenheim (13). Wir bleiben jetzt auf dieser Straße und wandern zurück nach Frankenheim. Am Ortseingang auf der linken Seite stehen noch heute die drei Wohnblöcke (14) der ehemaligen Offiziere und Berufsunteroffiziere der Grenztruppen. Jetzt gehen wir in Richtung Ortsmitte, von dort zurück zur Kirche und erreichen den Parkplatz.

Wer Hunger und Durst hat, kann gutbürgerlich und schmackhaft in der Gaststätte „Schweinebucht" in Frankenheim speisen. Auch ein Blick in die evangelische Kirche von Frankenheim oder in das kleine Heimatmuseum „Am Carolinenheim" beim Dorfladen lohnt sich.

Als Ausflugsziel bietet sich das „Eisenacher Haus" am „Ellenbogen" an, das bis zur Wende die Funkaufklärung des MfS, Tarnname „Objekt Blitz", beherbergte. Heute ist es wieder eine bekannte Ausflugsgaststätte, daneben befindet sich das weithin sichtbare „Noahs Segel", ein neuer Aussichtsturm mit großer Kinderrutsche und fantastischer Fernsicht in alle Richtungen.

Schleuserobjekt „Rhönhaus" des MfS

Wir waren 2021 in Frankenheim am Standort meiner alten Grenzkompanie ein paar Tage zum Wandern entlang der ehemaligen Grenze. Auf Höhe der Stallanlagen trafen wir einen Herrn im Rentenalter, mit dem wir ins Gespräch kamen. Ich erzählte ihm, dass ich vor 46 Jahren in Frankenheim als Grenzsoldat gedient hatte und wir jetzt zur Gaststätte „Rhönhaus" wandern wollten. Beiläufig fragte ich ihn, ob er etwas zum Rhönhaus als ehemaliges MfS-Objekt zu DDR-Zeiten sagen könne.

Zum Rhönhaus erzählte er folgende Begebenheit:

Beim Wasserwirtschaftsbetrieb Meiningen hatte er in den 70er Jahren einen älteren Kollegen, der in Frankenheim lebte und dort auch zuständig für die Trinkwasserversorgung von Frankenheim und Birx war. Das Wasserwerk (Tiefbrunnen mit Pumpanlagen) befand sich ca. 200 m entfernt vom Objekt Rhönhaus im Wald. Der Mitarbeiter der Wasserwirtschaft kontrollierte regelmäßig allein die diversen Brunnenanlagen im Schutzstreifen. Eines Tages im Hochsommer wurde er vom Bürgermeister von Frankenheim telefonisch informiert, dass es Probleme mit der Trinkwasserversorgung aufgrund mangelhaften Wasserdrucks in Frankenheim gäbe und er sich um das Problem kümmern solle.

Also fuhr er mit seinem Wasserwirtschaftsfahrzeug, einem alten Lada, direkt zum Parkplatz des Rhönhauses. Dort sah er einige uniformierte Personen und Zivilisten und auch jüngere, gut gekleidete Frauen im eingezäunten Gelände des

Objektes Rhönhaus, die sich sofort eilig in das Haus begaben. Auf dem Parkplatz standen zwei Kübelwagen „P3" der Grenztruppen und zwei zivile Wartburg 353. Als er anhielt, traten sofort zwei Uniformierte der GT auf ihn zu und forderten ihn sehr barsch auf, aus dem Fahrzeug auszusteigen und sich auszuweisen. Er zeigte seinen Personalausweis mit Stempel als Bewohner des Grenzgebietes, seinen Dienstausweis der Wasserwirtschaft Meiningen sowie seine Berechtigungskarte zum Arbeiten im Schutzstreifen vor. Er wurde befragt, was er hier am Objekt allein zu tun hätte und erklärte den „Grenzern", dass er ein technisches Problem im Wasserwerk in 100 m Entfernung im Wald beheben müsse, weil der Wasserdruck in Frankenheim zu niedrig sei. Einer der Grenzer hatte ihm bereits die Ausweisdokumente abgenommen und war damit sofort in das Haus gegangen. Nach etwa 10 Minuten kam er wieder heraus, gab ihm die Dokumente zurück und zwei MfS-Angehörige in Grenztruppenuniform begleiteten ihn zum Wasserwerk. Dort im Wasserwerk, für das er allein die Schlüssel hatte, wurde er die ganze Zeit von den zwei Uniformierten beobachtet, wie er das Problem an einer Pumpe behob. Im Anschluss wurde er zu seinem Fahrzeug begleitet und nachdrücklich aufgefordert, das Befahren des Schutzstreifens ordnungsgemäß vorher beim Bürgermeister und der Grenzkompanie in Frankenheim anzumelden.

Als er wieder in Frankenheim zurück war, wurde er von seinem Chef aus Meiningen und dem Bürgermeister aus Frankenheim angerufen, dass es wohl enormen Stress wegen seines notwendigen kurzfristigen Arbeitseinsatzes am Wasserwerk gab.

Das MfS war wohl über den überraschenden und unangemeldeten Besuch am Objekt Rhönhaus überhaupt nicht begeistert.

Erstaunlich für mich als ehemaligen Grenzsoldat war, dass der Mitarbeiter der Wasserwirtschaft allein und mit seinem Fahrzeug, also ohne Bewachung der Grenztruppen in den Schutzstreifen einfahren durfte. Darüber hinaus muss die Meldekette Bürgermeister, Wasserwirtschaft, Grenzkompanie und MfS an diesem Tag wohl nicht funktioniert haben.

Wer etwas mehr lesen möchte über den Zustand der Grenzsicherungsanlagen in diesem Grenzabschnitt Mitte der 70er Jahre, den verweise ich noch auf die Grenzgeschichte „Versehentlicher Grenzübertritt nach Hessen" in der folgenden Wanderetappe.

Der erste Ausgang in die Dorfkneipe

Nach dem Abschluss der Grundausbildung in Eisenach erfolgte die Versetzung zur Grenzkompanie.

Dort angekommen wurden wir Neuen des zweiten Diensthalbjahres in den ersten 14 Tagen durch unsere Gefreiten, Unteroffiziere und Offiziere in die Abläufe in der Kompanie und an der Grenze eingewiesen.

Für uns Frischlinge war alles neu und wir mussten uns erst zurechtfinden. Dies betraf auch die Kameraden im Zimmer und im Zug. Der Stress am Anfang in der 10. GK in Frankenheim war für uns groß. Die alten Gefreiten haben uns glücklicherweise das Einleben im Zug und in der Gruppe nicht allzu schwer gemacht, da sie aus eige-

Hintere Rhön beim Rhönhaus

ner Erfahrung wussten, dass auch sie mit uns Neuen täglich im Grenzdienst gut auskommen mussten.

Nach ungefähr 14 Tagen hieß es, dass unser Zug Ausgang in den Ort Frankenheim bekäme. Einziges mögliches Ziel dieses Ausgangs waren die damaligen zwei Gaststätten.

Unsere Gefreiten machten vor dem ersten Ausgang in die Dorfkneipe merkwürdige Bemerkungen, was uns Neue dort eventuell erwarten würde, aber ohne konkreter zu werden.

Erläuternd muss man dazu sagen, dass Frankenheim der Ort in der DDR mit dem höchsten statistisch erfassten durchschnittlichen Pro-Kopf-Verbrauch an Spirituosen gewesen sein soll. Das wurde am Spirituosenverkauf der beiden örtlichen Verkaufsstellen im Konsum, im HO (Handelsorganisation) und der Kneipen im Ort statistisch ausgewertet. Am späten Nachmittag nach ordentlich „Sackgang" in der Kompanie (Polituntterricht, Waffenreinigen, Revierreinigen etc.) hieß es, rein in die Ausgangsuniform, kurze Belehrung über das Verhalten als Grenzsoldat beim Ausgang, also in der Kneipe, und rauf auf den LO, der uns ins Dorf bis vor die Kneipe fuhr.

Direkt vor der ersten und beliebtesten Kneipe bei der Kirche hielt der LO und wir stiegen gut gelaunt hinunter.

Die Gefreiten betraten zuerst die Gaststätte und der Wirt begrüßte freudig seine ihm bekannten Stammgäste. Wir Neuen betraten nach unseren Gefreiten die Kneipe und staunten erstmal ordentlich.

Die Gaststätte war zu mehr als der Hälfte mit jungen Frauen im Alter ab ca. 16 bis Anfang 20 Jahren besetzt.

Von zuhause aus Nordthüringen kannte ich eine solche, weiblich dominierte Gaststättenbesetzung nicht. Dort waren die Frauen meist in Begleitung ihrer Ehemänner und Freunde in der Gaststätte, aber fast niemals allein oder nur mit Freundinnen. So etwas schickte sich bei mir zu Hause für junge Frauen nicht.

Hier in Frankenheim war alles ganz anders!

Die jungen Frauen hatten in Erwartung der neuen Grenzer den Wirt dazu veranlasst, einen ganz langen Tisch in der Kneipe aufzustellen, an dem ca. 20 bis 25 Personen Platz nehmen konnten.

Unsere Gefreiten steuerten schnurstracks auf den Tisch mit den jungen Frauen zu und wurden von diesen herzlich begrüßt. Einzelne Gefreite hatten bereits eine feste Freundin im Ort.

Wir, die neuen Grenzer, nahmen auch an dem langen Tisch Platz und schnell ergaben sich erste Gespräche oder besser Kontaktaufnahmeversuche. Ein ebenfalls neuer Grenzer wurde von einem neben ihm sitzenden jungen Mädchen (Alter ca. 16 oder 17 Jahre) gefragt, was er denn trinken möchte? In Unkenntnis der Trinkgewohnheiten der jungen Frankenheimerinnen sagte er zu seiner Platznachbarin: „Ich trinke das Gleiche wie Du".

Die junge Frau grinste verschmitzt, die in der Nähe sitzenden Gefreiten, die das mitbekommen hatten, genauso, nur wir Neuen wussten nicht, was an dieser Bestellung so lustig war.

Sie rief den Wirt und bestellte für sich ein Bierglas mit „Rhöni" (0,25 l „Rhöntropfen", ein Magenbitter mit 40 %). Der Wirt brachte ihr ohne jegliche Bedenken den „Rhöni" und sie trank diesen relativ zügig, aber nicht auf Ex, aus. Mein Kamerad war dadurch unter Zugzwang geraten, weil er ihr nicht nachstehen wollte und bestellte ebenfalls ein Bierglas voll mit „Rhöni".

Die junge Frau vertrug zu meinem großen Erstaunen den Rhöntropfen sehr gut. Sie war heiter und lustig, aber scheinbar nicht stockbetrunken.

Mein Kamerad leerte gleichfalls das Bierglas „Rhöni" relativ zügig und wurde im Anschluss immer ruhiger und müder. Nach ca. einer halben Stunde krachte es plötzlich am Tisch, und er fiel stockbetrunken vom Stuhl unter den Tisch.

Für ihn war der erste Ausgang nach anderthalb Stunden beendet. Wir schleppten ihn danach zum LO, und er wurde zur Kompanie gefahren. Am anderen Tag wurde er vom KC wegen seines Suffs ordentlich verbal zusammengefaltet und musste den Spott seiner Kameraden ertragen, dass er sich von einer jungen Frau unter den Tisch hatte trinken lassen.

Mich hat dieses „Trinkerlebnis einer Rhöntaufe" mit jungen Frauen aus Frankenheim vorsichtig gemacht, und ich blieb bei diesem ersten Ausgang beim Bier und nur vorsichtigem Rhöntropfenkonsum.

Niemals habe ich mich danach zu einer „Rhöntaufe" herausfordern lassen.

Dieser erste Ausgang in die Dorfkneipe war für mich ein prägendes Erlebnis. In anderen Grenzkompanien des Grenzregimentes Dermbach soll es im ersten Ausgang aus der neuen Kompanie für die Neuen diese „Rhöntaufe" als Initiationsritual gegeben haben. Das kann ich für Frankenheim nicht bestätigen.

Fahnenflucht beim Rhönkopf

(erstellt anhand des Tätigkeitsbuchs des geflohenen Grenzaufklärers und des Interviews mit Volker D.)

Am 25.1.1981 ereignete sich in der Nähe des Rhönkopfs bei Frankenheim/Rhön eine spektakuläre Fahnenflucht von zwei Unteroffizieren der Grenztruppen, welche in die Annalen der DDR-Grenztruppen einging, weil einer der beiden Unteroffiziere zudem noch Grenzaufklärer war. Es handelte sich um die einzige Fahnenflucht eines Grenzaufklärers während des Bestehens der DDR. Zusammen mit dem Grenzaufklärer wurde der Geschirrmeister, der für den Fuhrpark verantwortlich war, Unteroffizier (UaZ) Volker D., fahnenflüchtig.

Wie kam es dazu?

Hans Jürgen H. war ein bis dahin tadelloser Grenzaufklärer in der 11. Grenzkompanie Erbenhausen im Grenzregiment 3 Dermbach. Er begann seine militärische Ausbildung im Oktober 1977 mit seiner freiwilligen Verpflichtung als Unteroffizier auf Zeit (UaZ) und dem Besuch der Unteroffizierschule der Grenztruppen in Perleberg. Danach kam er auf die 10. Grenzkompanie in Frankenheim/Rhön und diente dort als Gruppenführer. Im August 1978 sprach ihn in Frankenheim der Verbindungsoffizier der V2.000 im Bataillon aus Kaltennordheim, Oberleutnant L., an, ob er nicht Grenzaufklärer werden möchte?

Diesen Oberleutnant der V2.000 kannte ich persönlich aus meiner Frankenheimer Dienstzeit 1976/77. Er war es, der mich und meine Kameraden zu unserem Dienstantritt mit sehr persönlichem Wissen über uns überraschte. Er war es auch, der in meiner Stasiakte nach dem Grundwehrdienst mit seiner Unterschrift vermerkte, dass ich zum Reservedienst an der Grenze tauglich sei. In Frankenheim habe ich öfters in Ermangelung von Gruppenführern den Unteroffizier vom Dienst (UvD) gestanden. Besuchte der Genosse Oberleutnant L. die Grenzkompanie, musste ich ihn vom wachhabenden Soldaten am Tor in Empfang nehmen und zum Kompaniechef bringen. Das Merkwürdige daran war, dass, wenn ich den Genossen Oberleutnant unserem KC Major J. meldete, dieser hinter seinem Schreibtisch aufsprang und in Habachthaltung vor dem Genossen Oberleutnant ging, der damals zwei Dienstgrade unter ihm stand!

Wie ich später erfuhr, hatte dies seinen Grund in der höheren internen Dienststellung des Oberleutnants als Verbindungsoffizier der V2.000 gegenüber dem Kompaniechef.

Nun zurück zu Hans Jürgen H.:

Der Oberleutnant hatte vor der Anwerbung H. intern überprüft und für „grenzaufklärertauglich" befunden. Hans Jürgen willigte in das Angebot ein und unterzeichnete die dafür notwendige IM-Verpflichtungserklärung des MfS und verpflichtete sich zum Berufsunteroffizier mit mindestens 10jähriger Dienstzeit bei den Grenztruppen.

Im Soldatenjargon sagten wir Grundwehrdienstler dazu, „er kohlte auf und schlug eine Buckellaufbahn ein".

Seine Verpflichtungserklärung zum IM hatte folgenden Wortlaut: "Ich, Hans Jürgen H., erkläre mich bereit, Grenzaufklärer zu werden und die Grenzaufklärerschule zu besuchen. Weiter erkläre ich mich bereit, dort meinen Dienst als Grenzaufklärer zu versehen, wo ich gebraucht werde. Ich bin damit einverstanden, mit dem Ministerium für Staatsicherheit zusammen zu arbeiten."

Er absolvierte dann für 6 Monate die Grenzaufklärerschule in Schiedungen bei Nordhausen und bestand die Abschlussprüfung mit der Note „Gut". Ab Ende Februar 1979 nahm Hans Jürgen seinen Dienst als Grenzaufklärer (GAK) in der 11. Grenzkompanie in Erbenhausen auf. Seine ihm aufgetragenen Befehle und Aufgaben als GAK der Kompanie erfüllte er diszipliniert und gewissenhaft. Zwischenzeitlich war er auch Mitglied der SED geworden. Dienstbeflissen und eifrig notierte er in sein Grenzaufklärertagebuch alle Beobachtungen, machte Meldungen über Feststellungen von diversen Handlungen und Vorgängen an der Grenze und im Grenzgebiet. Er machte hunderte Fotos des „Gegners" an der Grenze, so z.B. vom BGS, der bayerischen Grenzpolizei, vom Zollgrenzdienst und der US Army und wertete diese auch für seine Vorgesetzten aus. Auch Personenkontrollen im Grenzgebiet, Kontrollen von Grenzposten im Grenzabschnitt, Einsätze feindwärts hinter dem letzten Grenzzaun, z.B. Kontrollen der DDR-Grenzsäulen und vieles anderes gehörte zu seinen täglichen Dienstaufgaben. Auch kleinste Banalitäten im Grenzdienst, wurden im Tagebuch dokumentiert.

Relativ schnell wurde Hans-Jürgen für Einsätze feindwärts, also für Einsätze hinter dem letzten Grenzzaun von der V2.000 bestätigt. Diese Einsätze fanden immer zu zweit, meist zu dritt, statt.

Das Vertrauen des MfS in Hans Jürgen war groß, obwohl er zur damaligen Zeit ledig und nicht fest liiert mit einer Freundin war. Bevorzugt wurden verheiratete Berufssoldaten mit kleinen Kindern für Einsätze feindwärts bestätigt. Nur das MfS, vertreten durch die V2.000 im Bataillon und Regiment, durfte diese besonderen Einsatzbestätigungen für Offiziere, Berufssoldaten, ausgewählte Unteroffiziere auf Zeit und sehr wenige Soldaten einer Grenzkompanie vornehmen. Diese Bestätigungen wurden halbjährlich überprüft und bei vorliegenden Vorkommnissen sofort entzogen.

Im Laufe seiner Dienstzeit in der 11. Grenzkompanie Erbenhausen musste Hans Jürgen feststellen, dass in der Kompanie nicht alles entsprechend der Dienstvorschriften und Befehle zum Grenzdienst, welche er auf der Unteroffiziersschule in Perleberg und der Grenzaufklärerschule in Schiedungen vermittelt bekam, ablief. Er registrierte diverse Vorkommnisse und Verstöße, z.B. Alkoholmissbrauch in der Kompanie, nachlässige Befehlsausführung von Soldaten und Unteroffizieren im Grenzdienst, Beschädigungen am Grenzsignalzaun, die nicht umgehend repariert wurden, nicht gründliche Kontrolle des 6m-Kontrollstreifens.

Darüber machte er dem KC, Hauptmann A., Meldung und auch dem Offizier der V2.000. Oftmals musste er feststellen, dass darauf nur sehr langsam oder zum Teil auch gar nicht reagiert wurde. Auch in SED-Parteiversammlungen der Kompanie sprach er Probleme öfter an und wurde dort durch den Kompaniechef gemaßregelt. Gegen ihn wurde eine Missbilligung wegen unsachlicher Kritik an Vorgesetzten ausgesprochen. All dies verärgerte und frustrierte den engagierten GAK sehr. Nach einer Dienstzeit von ca. 1,5 Jahren in Erbenhausen reifte in ihm der Entschluss, Fahnenflucht zu begehen, da er keine Chancen für Veränderungen in seinem Sinn sah.

In der Zwischenzeit hatte sich H. mit dem Geschirrmeister der Kompanie, Volker D., angefreundet. Dieser war Unteroffizier auf Zeit und für die Einsatzbereitschaft des Fuhrparks der Kompanie verantwortlich. Auch im Dienst von Volker D. gab es Probleme. Der technische Zustand der Fahrzeuge ließ zu wünschen übrig. Es fehlte an notwendigen Ersatzteilen. Diesel und Benzin waren für die Kompanie limitiert und ein Überschreiten des Plan-Verbrauchs führte zu ständigen Diskussionen mit der Kompanieführung und dem Oberoffizier für den Fuhrpark im Bataillon. Dazu kam, dass die Geschirrmeister-Planstelle für einen Berufsunteroffizier („Zehnender") vorgesehen war und Volker hatte sich als gelernter KFZ-Mechaniker nur für 3 Jahre verpflichtet. Von Seiten der Kompanieführung und aus dem Bataillon wurde Druck auf ihn ausgeübt, sich für eine 10jährige Dienstzeit zu verpflichten. Auch SED-Mitglied sollte er werden. All dies missfiel ihm und erzeugte auch bei ihm Frustration.

Eines Tages kam sein Freund Hans Jürgen auf ihn zu und weihte ihn in seine Absichten ein, den Grenztruppen und der DDR den Rücken zu kehren und gemeinsam Fahnenflucht bei einer günstigen Gelegenheit zu begehen. Das Risiko, das H. mit der Offenbarung seiner Absichten einging, war gigantisch! Wäre es zum Verrat der geplanten Fahnenflucht gekommen, wäre er wegen Fahnenflucht, Republikflucht und Hochverrat in Tateinheit, zu mehr als 10 Jahren Militärstrafvollzug verurteilt worden. Ein vorzeitiger Freikauf aus der Haft durch die Bundesrepublik war bei diesen Tatvorwürfen unmöglich!

Das entgegengebrachte Vertrauen von Hans Jürgen H. in Volker D. muss grenzenlos gewesen sein!

Am 25.1.1981 setzten die beiden ihre Fluchtabsicht in die Tat um. Einen Tag zuvor hatte H. noch ein Gespräch mit seinem Stabschef, Major E., im Bataillon. Grund des Gespräches war das kurz vor dem Termin von ihm eingereichte Entlassungsgesuch aus den Grenztruppen.

Am 25.1.1981 war um 8 Uhr Wecken der Kompanie, da diese eine Tagschicht vor sich hatte. Hans Jürgen H. und Volker D. trafen letzte Absprachen ihrer Flucht. Mittags, als die Kompanie zur Tagschicht vom Hof fuhr, setzten sie ihren Plan um. Sie hatten beschlossen, am Rhönkopf (813 m NN) bei Frankenheim über den Streckmetallzaun, der noch nicht mit Splitterminen vom Typ SM 70 bestückt war, zu klettern. Dafür hatten sie die Lederriemen der Skibindungen eingesteckt, die ihnen als Übersteighilfen am Streckmetallzaun dienen sollten. Sie hatten den Tagesbefehl zur Grenzsicherung (Vergatterung) mitgehört und wussten, dass in der Tagschicht kein Postenpaar im Grenzabschnitt des Rhönkopfs Grenzdienst hatte. Dort waren sie nach ihrer Einschätzung vollkommen ungestört. Volker D. war nicht zum Grenzdienst befohlen und begab sich absprachegemäß nach Erbenhausen, um dort etwas einzukaufen. Hans Jürgen H. hatte sich an dem Tag freiwillig zum Dienst gemeldet und wollte angabegemäß Schneeverwehungen am Tor des Grenzsignalzaunes in der Nähe des Rhönkopfes beseitigen. Er empfing in der Waffenkammer seine MPi AK47. Seine Dienstpistole Makarow und das Dienstfernglas hatte er bei sich. Der Plan war, dass H. seine AK 47 an D. übergeben und so im Fall einer außerplanmäßigen Kontrolle der Anschein erweckt werden sollte, dass beide auf einem befohlenen Grenzdiensteinsatz (Freimachen des Grenzsignalzauntores am Rhönkopf) seien.

Wie verabredet, verließen beide gegen 13 Uhr die Kompanie in Erbenhausen. Außerhalb der Kompanie übergab H. plangemäß seine MPi an D., denn eine Grenzstreife zu zweit ohne Bewaffnung eines Posten mit einer MPi war in den Dienstvorschriften zum Grenzdienst nicht vorgesehen. Sie verließen kurz hintereinander die Kompanie und machten sich außerhalb des Grenzsignalzaunes auf den Weg durch den Wald Richtung Rhönkopf. Dort war ein Tor im Grenzsignalzaun, der zu dieser Zeit noch nicht elektronisch gesichert war. Eine unbefugte Öffnung des GSZ löste demzufolge auf der Führungsstelle beim diensthabenden Leutnant keinen Grenzalarm aus.

Auf dem Weg zum Rhönkopf durch den verschneiten Wald trafen sie noch ein Grenzpostenpaar. Den Postenführer kannte H. gut, so machte man ein kurzes Schwätzchen miteinander und es gab keinerlei Probleme. Das ahnungslose Postenpaar setzte auch keine Meldung an die Führungsstelle ab.

Gegen 14 Uhr erreichten sie problemlos und unbeobachtet das Tor des Grenzsignalzaunes. Hans Jürgen schloss das Tor zum Grenzsignalzaun auf. Danach verwischte er die Spuren im etwa 20 cm hohen Schnee und schloss das Tor wieder. Die beiden gingen dann ca. 25 Minuten bis zum Grenzzaun unterhalb des Rhönkopfs. Am Grenzzaun war sehr viel Schnee angeweht worden, und so konnten die beiden mit Hilfe der mitgebrachten Skibindungsriemen, die sie im Streckmetallzaun als Kletterhilfe befestigten, problemlos den Zaun übersteigen. An dem Tag war es, wie so oft im Grenzabschnitt von Frankenheim/Rhön, sehr nebelig und so mussten sie sich im Wald auf bayerischen Territorium neu orientieren, um einen Weg in Richtung Oberfladungen zu finden.

Gegen 16 Uhr hatten sie den Wald durchquert und kamen in der Nähe der „Erlsmühle" bei Oberfladungen heraus. Dann gingen die beiden nochmal kurz an die Grenze zurück, um zu sehen, ob auf der anderen Seite schon nach ihnen gesucht wurde. Der Grenzposten, den sie durch das Dienstfernglas beobachten konnten, verrichtete noch den normalen Grenzdienst, alles war ruhig an der Grenze. Danach machten sie sich erneut auf den Weg nach Oberfladungen. Auf dem Marsch dorthin wurden sie von einigen Fahrzeugen überholt, aber keines nahm Notiz von ihnen und hielt an. In Oberfladungen an einer Kreuzung fragten sie ein Ehepaar nach der Polizeistation. Dieses Ehepaar verständigte sofort telefonisch die Polizei und von dieser wurden sie abgeholt. Sie hatten es geschafft und ihre Flucht erfolgreich beendet.

In der Grenzkompanie Erbenhausen bemerkte man erst gegen 22.45 Uhr das Fehlen des Feldwebel H. und des Unteroffizier D.. Sofort wurde Grenzalarm ausgelöst. Am 26.1.81 gegen 0.30 Uhr wurden am Grenzzaun beim Rhönkopf die Spuren des Grenzübertritts festgestellt. Die Untersuchung des Grenzdurchbruchs wurde durch die V2.000 im Regiment, durch die Bezirksverwaltung des MfS in Suhl und den Stabschef im Bataillon geführt. Der Kompaniechef, Hauptmann A., wurde nach Dermbach ins Regiment strafversetzt. Zudem wurden gegen ihn und Oberleutnant L. vom V2.000 Parteistrafverfahren eingeleitet.

Noch Jahre nach der geglückten Fahnenflucht wurden Hans Jürgen H. und Volker D. durch IMs des MfS in der Bundesrepublik observiert und ausspioniert. Das war bei vollendeten Fahnenfluchten immer der Fall. Es wurde das Ziel verfolgt, der Fahnenflüchtigen habhaft zu werden, um sie eines Tages in der DDR vor ein Militärgericht zu bringen und zu verurteilen.

Es war die einzige Fahnenflucht eines Grenzaufklärers der Grenztruppen während des Bestehens der Deutschen Grenzpolizei und der Grenztruppen der DDR. Die Genossen Minister Hofmann (NVA und Grenztruppen) und Mielke (Staatssicherheit) waren über diese Fahnenflucht sehr verärgert, da H. durch die Übergabe seines Grenzaufklärer-Tagebuches und durch Preisgabe seines umfangreichen Wissens über den Grenzdienst an die zuständigen Dienststellen in der BRD den Grenztruppen einen großen Schaden zugefügt hatte. Diese Fahnenflucht sollte im Jahr 1981 noch nicht der negative Höhepunkt an besonderen Vorkommnissen aus Sicht der Grenztruppen und des MfS an der ehemaligen innerdeutschen Grenze gewesen sein. Der Kulminationspunkt war am 2.6.1981 mit der Flucht des Regimentskommandeurs des Grenzregiment 3 Dermbach, Oberstleutnant Rauschenbach, im Grenzabschnitt der Grenzkompanie Spahl, erreicht. Als der Genosse Minister für Staatssicherheit, Erich Mielke, die Information über die Fahnenflucht des Regimentskommandeurs erhielt, soll er angabegemäß fassungslos vor Wut und Empörung gewesen sein.

Auf die Flucht des Regimentskommandeurs wird am Ende der Rundwanderung 10 ausführlich eingegangen.

WANDERUNG 7

Birx – Grabenberg inkl. Hose – Dreiländereck – Wüstung Birxer Mühle – Birx

Zunächst ein paar Anmerkungen zum Dorf Birx, 750 m über NN gelegen, das wegen seiner traumhaft schönen Lage und dem herrlichen Ausblick auf die Hohe Rhön, nach Bayern und Hessen, auch das „Dorf am Himmel" genannt wird. Birx war neben Melpers das einzige Dorf im Bereich des Grenzregimentes 3 Dermbach, das sich bis zum Mauerfall Ende 1989 im Schutzstreifen befand. 1979 wurde das Dorf fast vollständig auf drei Seiten, nur die Straßenausfahrt nach Frankenheim und der Sportplatz blieben frei zugänglich, direkt hinter den letzten Häusern mit einem über 3 m hohen Streckmetallzaun eingezäunt, um die bis dahin bestehenden guten Fluchtmöglichkeiten nach Bayern oder Hessen zu verhindern.

Wir beginnen unsere Wanderung an der Gaststätte „Rhönstübchen" (A). Dort überqueren wir die Straße Birx-Seiferts und gehen direkt am südlichen Dorfrand entlang. Nach etwa 200 m am Dorfrand erreichen wir den „Hutweg" (1), der Name

Tourdaten:
mittelschwer – 8 km – 2,5 Stunden – 180 Höhenmeter

Maplibre | © Komoot | Map data © OpenStreetMap-Mitwirkende“

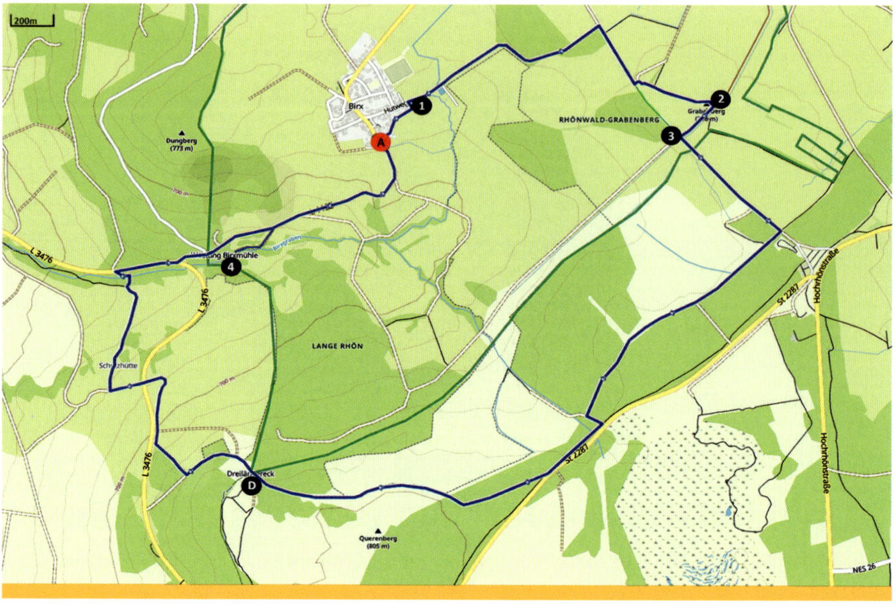

kommt von Hutung, einem alten Begriff für Weidegebiet. Auf dem Hutweg gehen wir am Feuerlöschteich des Dorfes leicht ansteigend in Richtung kleines Wäldchen. Links und rechts des Weges liegen die typischen großen Steinhaufen, die die Rinderweiden säumen. Ca. 500 m vom Dorf entfernt finden wir am linken Wegrand, zu Beginn des Wäldchens, die Tafel 40 des Friedensweges „Flucht des Regimentskommandeurs“. Auf diese besondere Flucht wird bei unserer Wanderung 10 im Grenzabschnitt der Kompanie Spahl noch gesondert eingegangen, denn dort fand die Flucht des Kommandeurs tatsächlich statt. Wir durchqueren das kleine Waldstück und stoßen nach gut 500 m Wegstrecke auf den Wanderweg vom Parkplatz Straße Birx – Grabenberg – Schwarzes Moor. Dort am Wegweiser in Richtung Grabenberg - Schwarzes Moor halten wir uns nach rechts. Nach ca. 300 m auf dem Wanderweg und der Friedenswegtafel 38 „Helmutlager“ verlassen wir den befestigten Wanderweg und gehen am Wegweiser links einen kleinen Pfad entlang, quer durch die Weideflächen direkt auf den Beobachtungsturm BT 11 am Grabenberg (2) zu. Dieser markante B-Turm diente der Grenzüberwachung und wurde 1978 durch die Grenztruppen errichtet. Dort befand sich ab 1979 der Streckmetallzaun mit Splitterminen und ein Tor durch das ehemalige Minenfeld, das die Zufahrt zur sogenannten „Hose" ermöglichte. Bei der „Hose" handelt es sich um eine topografische Besonderheit im Grenzverlauf. Auf bayerischer Seite der Grenze ist etwa 50 m links vom B-Turm die „Hose" ein Stück Territorium der ehemaligen DDR, das in Form einer lang gestreckten Hose ca. 500 m in das Territorium der Bundesrepublik hineinragt. Begrenzt wird die „Hose" durch alte Grenzsteine aus dem Jahr 1877, die jeweils auf der einen Seite mit „KB" für Königreich Bayern und der anderen Seite mit „GSW" für Großherzogtum Sachsen-Weimar gekennzeichnet sind. *Am Ende einer Nachtschicht am Grabenberg Anfang April 1977 konnten wir in den frühen Morgenstunden bei Sonnenaufgang auf den Weiden beim BT 11 die imposante Balz der Birkhähne sehen. Sie kamen aus Richtung des Schwarzen Moors und wir konnten sie mit dem Fernglas beobachten. Heute wird durch Neuaussiedlung versucht, die bestehende Population aufrecht zu erhalten.*

Etwa 200 m rechts vom B-Turm gehen wir auf der Zufahrt (3) in Richtung „Schwarzes Moor" und treffen nach wenigen hundert Metern, kurz vor dem Parkplatz des „Schwarzen Moors", rechts auf einen Bohlenweg an der Waldkante in Richtung Dreiländereck. Nach ca. 1 km auf diesem Bohlenweg erreichen wir einen älteren Fichtenhochwald und durchqueren ihn, der Beschilderung „Dreiländereck" folgend, und gehen knapp 300 m auf dem Fußweg parallel zur Hochrhönstraße in Richtung Seiferts. Am Wegweiser „Dreiländereck" biegen wir rechts in den Wald ein und erreichen nach 1,5 km das „Dreiländereck" (D), die südwestlichste Spitze der ehemaligen DDR. Der hier befindliche alte Grenzstein zeigt folgende Hoheitszeichen: Großherzogtum Sachsen-Weimar-Eisenach (Thüringen), Königreich Bayern, Königreich Preußen (Hessen). Vom „Dreiländereck" hat der Wanderer einen fantastischen Ausblick in das Tal der Ulster auf hessischer Seite mit den Dörfern Seiferts und Wüstensachsen und im Hintergrund den höchsten Berg der Rhön, die Wasserkuppe, mit 950 m über NN.

Nach dem Genuss der schönen Fernsicht gehen wir etwa 250 m bergab auf der Forststraße. Rechts am Straßenrand an einer Fichte sehen wir das Wanderzeichen 11 auf blauem Grund und schlagen dort den Weg talwärts ein. Der Weg ist stärker abfallend und etwas holprig. Nach etwa 600 m auf dem Weg überqueren wir die Hochrhönstraße und gehen etwa 100 m weiter bis zum Wanderwegweiser nach Birx (2,3 km). Dort durchwandern wir die Rinderweiden und kommen nach etwa

am Dreiländereck mit Grenzstein

Birx mit Wasserkuppe im Hintergrund

400 m zur Wanderhütte des Rhönklubs Seiferts. Dort stehen vor der liebevoll eingerichteten Hütte größere hölzerne Liegen, auf denen bequem zwei Personen die schöne Aussicht genießen können. Wer ganz großes Glück im Frühsommer und Sommer hat, kann auf dem sonnigen Platz vor der Wanderhütte Kreuzottern beim Sonnenbaden beobachten. Die Tiere stehen unter strengem Naturschutz und suchen sofort das Weite, wenn sie menschliche Schritte wahrnehmen. Nach der kurzen Rast an der Rhönklubhütte folgen wir weiter dem Wanderweg talwärts und erreichen nach weiteren 400 m die Hochrhönstraße etwa 300 m unterhalb der Abzweigung der Straße nach Birx.

Nach der Kreuzung Richtung Birx sehen wir das Schild über die Grenzöffnung am 11. Dezember 1989. Dort kann man rechts steil hinunter zum Birxbach gehen oder ca. 100 m weiter den Kolonnenweg nehmen und die traurigen Überreste der ehemaligen Birxer Mühle (4) sehen. Die mehr als 200 Jahre alte, imposante Mühle wurde am 2.10.1961 zwangsgeräumt, weil sie am Birxbach direkt an der Grenzlinie lag. Die

Wüstung Birxer Mühle

Birxer Mühle vor der Schleifung

Eigentümerfamilie L. wurde nach Langenleuba-Oberhain im Kreis Geithain zwangsumgesiedelt. Der Abriss der Mühle erfolgte unter großen Sicherheitsvorkehrungen in der Zeit vom 29. bis 31.7.1962. Daran beteiligt waren etwa 20 Arbeiter, die von 12 Grenzsoldaten bewacht wurden. Die Mühle wurde auf Weisung der SED-Kreisleitung Meiningen, im Zuge der Aktion „Kornblume", geschleift.

Heute sind noch zugewachsene und vermooste Fundamentreste sowie Gestängereste vom Mühlradantrieb zu erkennen.

Von der Birxer Mühle gehen wir ca. 100 m bergan dem Birxbach stromauf folgend und stoßen auf den ehemaligen Kolonnenweg zur Mühle, welcher direkt auf die Straße nach Birx einmündet.

Nach weiteren ca. 700 m recht steilen Anstiegs auf der Straße erreichen wir den Parkplatz der Gaststätte „Rhönstübchen", können dort die Friedenswegtafel 41, „Birxer Mühle", lesen und haben die Rundwanderung um Birx abgeschlossen.

An Einkehrmöglichkeiten gibt es heute noch zwei empfehlenswerte Gaststätten in Birx. Das bereits erwähnte „Rhönstübchen" und den „Flechsenberger Hof".

Den „Flechsenberger Hof", der bereits seit mehr als 100 Jahren in Birx existiert, durften wir Grenzsoldaten, wenn wir Ausgang hatten, wegen seiner Lage im Schutzstreifen nicht besuchen. Zudem war uns verboten, das befohlene Postengebiet zu verlassen und während einer Nachtschicht in das Dorf zu gehen. Wir haben es trotzdem gemacht. Die Gaststätte schloss damals meist um 1 Uhr und wir machten uns von außen durch Klopfen an das Küchenfenster bemerkbar, um uns zwei Flaschen Bier nach draußen reichen zu lassen, die dann heimlich während der Nachtschicht zum Postenbrot auf dem Dungberg getrunken wurden.

Der Wanderer, der in Birx übernachten möchte, hat die Möglichkeit, im „Rhönstübchen", im „Flechsenberger Hof" und in der Pension „Dreiländereck" von Jens Graf abzusteigen. Hierbei handelt es sich um eine gemütliche Pension, in der Jens Graf auch ein gutes Frühstück zur Stärkung der Wanderer anbietet. Dort hat er auch ein kleines Museum über den Ersten Weltkrieg eingerichtet. Jens Graf führt an ausgewählten Wochenenden Grenzwanderungen um Birx und Frankenheim durch und erzählt dabei manche Grenzgeschichte, die er selbst erlebt hat oder die ihm berichtet wurde.

Wer noch Zeit hat, dem empfehlen wir unbedingt, sich auf der anderen Seite der Hochrhönstraße das Naturschutzgebiet „Schwarzes Moor" anzuschauen. Es handelt sich um ein ca. 60 ha großes Hochmoor auf bayerischer Seite, das bereits

Bohlenweg mit Grenzstein am Grabenberg

am Grabenberg 1989

Ansichtskarte Schwarzes Moor, Grabenberg

seit 1937 unter Naturschutz steht. Dort und am Rand des Hochmoores, beiderseits der ehemaligen Grenze, finden wir viele streng geschützte, seltene Pflanzen- und Tierarten, z.B. den Sonnentau, Birkhühner, Ringelnattern und Kreuzottern. Wer ganz großes Glück hat, der kann im Sommer auch die in der Nähe brütenden, sehr seltenen Schwarzstörche bei ihrer Futtersuche auf den angrenzenden Weidenflächen beobachten. Im Eingangsbereich des Schwarzen Moores befindet sich ein Infopunkt mit Laden und Selbstbedienungsgastronomie mit gutem Angebot.

Am Ende dieser Rundwanderung gibt es für interessierte Leser diesmal gleich mehrere Grenzgeschichten, die sich bei Birx in den 70er Jahren ereigneten. Durch meine Dienstzeit in Frankenheim habe ich selbst einige Erlebnisse gehabt oder sie wurden mir von Kameraden berichtet.

am Grabenberg mit Grenzsäule

Absichtlicher Grenzübertritt in die DDR von zwei US-Soldaten bei Birx (Nach einem Bericht von Reinhard A.)

Am 13. März 1974 hatte das Postenpaar für die Sicherung von Birx den Postenpunkt Dungberg oberhalb des winzigen Dorfes befehlsgemäß eingenommen. Hier war die DDR nur 1,3 km breit. Der Postenpunkt am Dungberg war ca. 50 m entfernt vom Grenzzaun nach Hessen. Das Wetter im langsam ausgehenden Winter war gut mit klarer Sicht, ohne Schnee, dichte Wolken und Nebel wie sonst so oft auf 800 m über NN.

Der Postenführer blickte gegen 12:20 Uhr mit dem Fernglas in Richtung Dreiländereck und sah plötzlich am Waldrand links vom Dreiländereck zwei uniformierte US-Soldaten den Stacheldrahtzaun an der Grenze zwischen Bayern und der DDR zu Fuß überqueren. Die beiden US-Soldaten liefen talabwärts. Das Postenpaar meldete den „Grenzdurchbruch West nach Ost" der Führungsstelle und erhielt den Befehl zur sofortigen Festnahme der US-Soldaten.

Reste der ehemaligen Grenzsperre zwischen Dreiländereck und Grabenberg

Das Postenpaar rannte vom Dungberg hinunter so schnell wie möglich und gab dort einen Warnschuss ab, weil sie im Wald die US-Soldaten aus dem Blick verloren hatten. Als das Postenpaar unten ankam, wurden die beiden US-Soldaten gestellt und festgenommen. Sie ließen sich ohne Widerstand festnehmen und festhalten, bis die Alarmgruppe mit 6 Soldaten unter Leitung meines ehemaligen Zugführers Oberfeldwebel A. eintraf, der Meldung an die Kompanieführung über die erfolgte Festnahme machte.

In der Zwischenzeit glühten in der Kompanie die Telefone. Die festgenommenen US-Soldaten wurden noch an Ort und Stelle nach Waffen durchsucht, sie führten zwei Pistolen mit sich und als weitere „Waffe" einen Schraubenzieher.

Die folgenden Minuten gestalteten sich dramatisch, denn ca. 5 bis 8 Minuten nach der Festnahme flogen 3 Hubschrauber (zwei UH 1 Dora der US Army und eine Allouette des BGS) über dem Dungberg auf hessischer Seite und suchten die bereits vermissten Soldaten.

am Grabenberg

Etwa 10 bis 12 Minuten nach der Festnahme erschienen drei US-Kampfpanzer und fuhren mit vollem Speed auf der Hochrhönstraße hoch zum „Dreiländereck" auf bayerischer Seite.

Dort positionierten sie sich und nahmen die Alarmgruppe ins Visier ihrer Kanonen aus einer Entfernung von ca. 250 bis 300 m Luftlinie. Den Soldaten der Alarmgruppe ging bei diesem Anblick der schussbereiten US-Panzer ordentlich die „Muffe".

Die festgenommenen US-Soldaten wurden unter Bewachung schnellstmöglich mit dem LO aus der Schusslinie der Panzer gebracht und in die Kompanie nach Frankenheim transportiert.

Ungefähr 20 Minuten nach der Festnahme kam die V2.000 des MfS bereits in die Kompanie und nahm die Amerikaner in Empfang.

Die beiden Soldaten wurden während ihrer Wartezeit auf der Kompanie im Zimmer des stv. Kompaniechefs festgehalten und von Unterfeldwebel R. bewacht.

Die US-Soldaten hatten guten Hunger nach dem Stress der Festnahme und wurden mit 3 Schnitzeln mit Kartoffelsalat und Limonade verköstigt.

In der Zwischenzeit löste der Bataillons-Kommandeur Gefechtsalarm auf der Kompanie aus und der gesamte verbliebene Personalbestand machte sich „mit Sack und Pack" gefechtsbereit. So saßen alle einsatzbereiten Soldaten in ihren Zimmern in voller Gefechtsmontur, die Waffen griffbereit an den Doppelstockbetten.

Der Stress war riesengroß, weil niemand genau wusste, wie es weitergehen würde. In der Zwischenzeit kamen auch die UH 1 Dora Hubschrauber der US Army in 100 m Höhe und ratterten in der Luft in ca. 250 m Luftlinie entfernt von der Kompanie direkt über der Grenze zu Hessen.

Nach etwas mehr als einer Stunde auf der Kompanie trafen die zuständigen Offiziere der GSSD auf der Kompanie ein. Alle Soldaten mussten auf den Zimmern verbleiben, keiner durfte den Flur betreten. Die Sowjetoffiziere übernahmen die US-Soldaten und fuhren mit zwei Fahrzeugen davon. Wahrscheinlich wurden die US-Soldaten ins GSSD-Regiment nach Meiningen verbracht und von dort aus nach Berlin zur Befragung.

Was passierte in dieser Zeit in Birx?

Eine Konfrontation wegen der vermissten US-Soldaten war nicht auszuschließen. Die Luft musste dort an der Grenze in diesen Minuten förmlich gebrannt haben.

Glücklicherweise kam es nicht zu einer militärischen Eskalation, weil US Army und BGS erkannt haben dürften, dass die beiden US-Soldaten von den Angehörigen der GT bereits festgenommen und abtransportiert worden waren.

Das Postenpaar aus Birx erhielt für seinen vorbildlichen Grenzdienst und die einwandfreie Festnahme der US-Soldaten Sonderurlaub und eine Ehrenmedaille.

Die beiden US-Soldaten wurden am nächsten Tag wieder in die Bundesrepublik gebracht.

Die Geschichte ging aber noch weiter.

Zwei Tage nach der Festnahme der US-Soldaten sollen angeblich dieselben Soldaten mit zwei Jeeps auf der Straße am Grabenberg auf bayerischer Seite vorgefahren sein und gut gelaunt den dorthin zur Verstärkung aus Kaltennordheim befohlenen Grenzaufklärern aus ca. 40 m Entfernung zugewunken haben.

Zusammengefasst eine dramatische Grenzgeschichte aus der Hohen Rhön, die glimpflich für alle Beteiligten aus Ost wie West ausgegangen ist.

Mit einem Bein in Schwedt (Wolfgang I.)

Es war an einem Vormittag im Winter 1975/76. Ich hatte Führungsdienst auf dem Beobachtungsturm am südöstlichen Rand von Frankenheim. In Birx auf dem Dungberg saß ein Posten, während es unten an der Straße nach Seiferts knallte; ein Signalgerät. Was war zu tun? Den „Alten" (Kompaniechef) anrufen, die Alarmgruppe rausschmeißen und den Posten dorthin schicken? Wir hatten aber zu dieser Zeit noch Kompaniesicherung und somit hätte ich die Grenzer der Nachtschicht wieder aus dem Schlaf holen müssen. Da man alles gut einsehen konnte und nichts zu erkennen war, entschied ich, die Alarmgruppe im Bett und den diensthabenden Offizier außenvorzulassen, aber den Posten zur Überprüfung zu schicken. Die Überprüfung ergab – wie immer in meiner Dienstzeit – dass alles in Ordnung war, keine Spuren von Personen, die andere Reiseziele hatten. Nach dieser erfreulichen Meldung schickte ich das Postenpaar wieder auf den Berg, wo sie laut Dienstplan sitzen sollten. Ein schöner ruhiger Vormittag, dachte ich. Ich ahnte auf der Führungsstelle im B-Turm der Kompanie nichts Böses.

Kurze Zeit später meldete sich der Posten vom Dungberg in Birx außer Atem und aufgeregt wieder. Eine Fußspur im Schnee aus der Ortsmitte von Birx am Postenpunkt vorbei durch den Grenzzaun nach drüben. Das war's! Auf meinen Anruf und die Meldung beim „Alten" hin kam sofort die Frage: „Wieso ist der Posten nicht in seiner vorgeschriebenen Stellung?" Ich erklärte es ihm. Dann flog natürlich alles raus, Bataillon und Regiment wurden informiert und die Stasi sowieso. Hätte ich nach Vorschrift gehandelt, hätte das halbe Dorf abhauen können und mir wäre nichts passiert. Aber so konnte ich mit einer „Beförderung" rechnen, und zwar nach Schwedt in die Militärstrafvollzugsanstalt der DDR. Das ist eben die Konsequenz, wenn man gegen das 11. Gebot verstößt: „Du sollst dich nicht erwischen lassen".

Auf die Idee mitabzuhauen kam ich nicht, meine Heimat zu verlassen, kam für mich nicht infrage. Ich machte meinen Dienst wie gewohnt weiter. Aber mir ging der „A..." auf Grundeis, und die Sache schlug mir gewaltig auf den Magen. Den Rest der Dienstzeit bis Mittag wartete ich auf die Ablösung und meine „Beförderung". Magen-Darm und Gehirn waren irgendwie leer, sehr leer.

Dann wurden wir abgelöst und ich erfuhr, dass alles in Ordnung sei und kein Mensch die DDR verlassen hatte. Wie das? In unserem Grenzabschnitt kamen öfter mal hohe Offiziere vom Regiment oder Bataillon zur Jagd. So auch an diesem Tag ein Major oder Oberstleutnant der Grenztruppen. Was er jagte oder verfolgte, weiß ich nicht. Jedenfalls ist er nicht geflohen, sondern feindwärts des Grenzzaunes auf DDR-Seite im Wald verschwunden, um dann an anderer, unsichtbarer Stelle unerkannt durch den Zaun wieder zurückzukehren. Auch dazu eine kurze Anmerkung: Der Boden in der Hohen Rhön besteht über weite Strecken aus Basaltgestein, was den pioniertechnischen Ausbau erschwerte. Der Grenzzaun bestand stellenweise aus einer Barriere aus spanischen Reitern oder Stacheldrahtzäunen, bei denen auch noch durch das raue Klima der Draht durchgerostet und abgefallen war. Also kein nennenswertes Hindernis für den Offizier.

Ich war irgendwie froh, dass es keinen Grenzdurchbruch gegeben hatte, Schwedt rückte nicht nur weiter weg, sondern ich war mir ziemlich sicher, dass mir dieses Reiseziel erspart bleiben würde. Mit einem gehörigen Anschiss und einer Befragung durch die Stasi rechnete ich allerdings noch. Aber auch das entfiel. Ein Stirnrunzeln und ein paar verdrehte Augen des „Alten" waren alles, was mir von höherer Seite blühte. Auf niederer Dienstebene – Unteroffiziere und Soldaten – waren zwei oder drei „Boiler" fällig. Das sind Kannen mit etwa 10 bis 12 Tassen Kaffee, die ich freudestrahlend zahlte. Mir war nicht nur ein Stein vom Herzen gefallen, es war ein Felsbrocken.

Meine Erklärung: Ein hoher Offizier vom Regiment aus Dermbach hatte Mist gebaut, genau wie ich. Das wollte man wahrscheinlich nicht an die große Glocke hängen, und so hob man den Teppich an und kehrte beide Dreckhaufen darunter. Dies ist kein Märchen, auch wenn es so klingt und so endet.

Grabenberg – Birx Kolonnenweg

Ob der vermeintliche Oberstleutnant aus Dermbach in Wirklichkeit ein Abteilung V2.000-Mann war, der aus sehr wichtigem Grund am Tag wichtiges Material oder Ausrüstungen für einen Kundschafter in der BRD zum Abholen dort deponierte oder dort deponiertes Material in die DDR brachte, ist anzunehmen. Für diese Hypothese spricht, dass in der Nähe der Wüstung Birxer Mühle operative Grenzschleusungen von Material stattgefunden haben sollen und dass Jagden im Schutzstreifen niemals allein erfolgen durften. Die Jagd im Schutzstreifen erfolgte angemeldet bei der Kompanie und immer zu zweit. Bei den berechtigten Jägern handelte es sich immer um Berufsunteroffiziere und Offiziere der Grenztruppen. Das Jagen feindwärts, also hinter der letzten Grenzsperre auf dem Territorium der DDR, das maximal ca. 30 m breit war, war vollkommen unsinnig, da ein Rücktransport von geschossenem Reh- oder Schwarzwild durch die Grenzsperre unmöglich war. Darüber hinaus wurde das besondere Vorkommnis in keiner Weise im Nachgang der Ereignisse in der Kompanie erwähnt oder disziplinarisch ausgewertet.

An dieser Stelle habe ich noch ein Erlebnis aus meinem Grenzerleben zu erzählen, das sicher auch viele andere Grenzer ähnlich erlebt haben. Zu unserer Ausrüstung für den Grenzdienst gehörten auch Handleuchtzeichen: „Ein-Stern rot" und „Ein-Stern gelb". Diese Handleuchtzeichen wurden in der Nacht geschossen, um z.B. die Führungsstelle über ein Vorkommnis zu informieren, wenn ein Grenzmeldenetzmast zu weit vom aktuellen Standort des Postenpaares entfernt war. Die „dicke Berta" (Ein-Stern gelb) war ein Handleuchtzeichen, das eine Flughöhe von angabegemäß über 100 m erreichen konnte, und das mit einem kleinen Fallschirm ausgerüstet war, um die Sinkdauer und damit die Zeit des Ausleuchtens der Umgebung zu verlängern. Eine „dicke Berta" einmal im Gebiet abzuschießen, das wollte jeder Postenführer in seinem Grenzerleben einmal tun, weil es schon etwas Besonderes war, in der Nacht das Gebiet für ca. 20 Sekunden in einem Umkreis von ca. 200 m fast taghell auszuleuchten. Die „dicken Bertas" waren teuer und die Kompanieführung achtete akribisch darauf, dass diese Handleuchtzeichen nicht sinnlos verschossen wurden. Man musste als Postenpaar vor dem Abschuss der „Berta" am besten die FüSt informieren und sich ein Okay holen, sonst gab es nach der Schicht Ärger und Diskussionen. Die „Berta" schossen bei uns nur die Postenführer ab, niemals ein Posten. Als Postenführer habe ich auch einmal oberhalb von Birx, auf dem Dungberg (773 m NN), nach 01:00 Uhr das Dorf und die Umgebung ausgeleuchtet. Es war schon beeindruckend, die „Berta" oberhalb des Dorfes aufsteigen zu lassen. Von dort hat man die „Rakete" sicherlich in der Nacht im Umkreis von fast 10 km sehen können. Vor dem Abschuss der „Berta" hatten wir an die FüSt irgendwelche „sich in Richtung Grenze bewegende Gestalten" gemeldet, welche wir nach dem Abschuss der „Berta" als eine Gruppe Rehe identifizieren konnten.

Wir möchten auch lustige Begebenheiten aus dem Dienst der Grenzsoldaten erzählen, so wie hier eine Begebenheit aus dem Grenzdienst am Schlagbaum zum Schutzstreifen an der Straße von Frankenheim nach Birx.

Disco am Schlagbaum an der Straße nach Birx

Wer die Dörfer Frankenheim und Birx kennt, der weiß, dass sich ca. 400 m oberhalb des Ortsausgangs Frankenheim Richtung Birx der Schlagbaum befand.

Der Postenpunkt „Schlagbaum Birx" wurde zu unserer Zeit von den Grenzsoldaten geliebt und gehasst zugleich. Dort mussten wir die Personen und Fahrzeuge auf ihrem Weg nach Birx kontrollieren. Besonders unangenehm war die Kontrolle von Bussen. Dazu musste der Posten in den Bus steigen und das Magazin aus der Kalaschnikow nehmen. Im Bus wurde von jedem Jugendlichen über 14 Jahren und jedem Erwachsenen bei Ein- und Ausfahrt aus dem Schutzstreifen der Personalausweis mit dem entsprechenden Stempel für den Schutzstreifen kontrolliert. Mit der Zeit kannte jeder Posten alle Jugendlichen und Erwachsenen aus Birx, da Ortsfremde, selbst Frankenheimer Einwohner, fast nie die Berechtigung für den Schutzstreifen besaßen. Es war uns unangenehm, mehrmals am Tag mit der Kalaschnikow auf dem Rücken und dem Waffenlauf nach unten durch den Bus zu gehen und die Ausweise zu kontrollieren.

Der Schlagbaum stand an der Straße auf einer Höhe von ca. 770 m über NN, ungeschützt vor Nebel, Wind, Schnee und Regen.

Oft zog es am Schlagbaum höllisch, wenn der eisige Rhönwind pfiff, oder der Regen uns schwer zu schaffen machte. Es gab keinen richtigen Unterstand als Wetterschutz, damit wir immer schön wachsam blieben und das Dorf Frankenheim und die Zufahrtstraße nach Birx im Auge behielten.

Der einzige Wetterschutz waren die größeren Straßenbäume und ein provisorischer Bretterverschlag neben der Straße.

In einer Nachtschicht im Sommer bei schönem Wetter hatten mein Kamerad, der Postenführer Gefreiter Uwe K., und ein weiterer Kamerad Dienst am Schlagbaum. In den ersten Stunden am Abend am Schlagbaum, so bis gegen 22:30 Uhr, tat sich nichts Besonderes.

Gegen 22:30 Uhr kamen drei oder vier junge Mädchen, zwischen 15 und 17 Jahre alt, aus Frankenheim und Birx zum Schlagbaum. Sie waren leicht angeheitert aus der Dorfkneipe von Frankenheim gekommen und hatten ein Kofferradio bei sich, welches die aktuellen Hits spielte.

Bei den vier jungen Mädchen war auch die bekannte „Weiße Frau" aus Birx dabei.

Grenzöffnungsschild bei Birx

War die „Weiße Frau" in einer Mädchengruppe dabei, wurde es fast immer laut und lustig. Postenführer Uwe K. und sein Posten waren der festen Überzeugung, dass keine Kontrollstreife (KS) im Gebiet unterwegs war, und sie hatten auch keine versteckte Warnung durch das Grenzmeldenetz (GMN) vom diensthabenden Zugführer erhalten. Folglich nahm die musikalische Unterhaltung am Schlagbaum in der Sommernacht ihren ziemlich lustigen und lauten, freien Lauf.

Es wurde gequatscht, laut gelacht und das Radio spielte Disco-Hits. Die Party am Schlagbaum lief bereits eine gute Stunde, als diese plötzlich jäh beendet wurde.

Aus dem Dunkel der Nacht standen urplötzlich der Kompaniechef Hauptmann J. und ein Uffz. als Kontrolle vor dem Postenpaar. Die Kontrolle hatte sich, obwohl dies wegen des freien Sichtfelds ziemlich schwer möglich war, an den Schlagbaum unbemerkt herangeschlichen. Dies gelang ihm wohl nur, weil das Postenpaar durch die

Mädchen und die Disco-Hits abgelenkt war und niemand mit einer Kontrolle rechnete.

Der KC Hauptmann „Klack" (wegen seiner klackernden Stiefelbeschläge und seiner klackernden Aussprache von uns so genannt) vertrieb sofort die jungen Frauen vom Schlagbaum. Danach maßregelte er wütend den Postenführer Uwe K. und drohte ihm Konsequenzen an.

Uwe stand erstarrt vor dem Hauptmann J. und musste die Wutrede über sich ergehen lassen.

Nach Dienstschluss am anderen Tag verkündete Kompaniechef „Klack" vor unserem Zug die Strafe. Uwe erhielt 4 Wochen Ausgangssperre, was für ihn ziemlich hart war, denn er hatte eine Freundin in Frankenheim.

Seine Petra war damals bei der „Disco am Schlagbaum" nicht bei der Mädchengruppe dabei.

Sie war stocksauer auf Uwe, weil sie ihn die nächsten 4 Wochen nur beim „Lattestehen", also Objektwache am Zaun der Kompanie, kurz sehen und sprechen konnte.

Uwe hatte also infolge der Disco am Schlagbaum nicht nur Stress mit KC „Klack", sondern auch Stress mit seiner Petra wegen der verhängten Ausgangssperre und der unliebsamen Folgen für das junge Glück.

Aufgrund dieser „Kontrolle aus dem Nichts" am Schlagbaum waren wir als Posten gewarnt und haben uns später immer recht aufmerksam verhalten und uns nur leise mit den jungen Frauen aus dem Dorf dort unterhalten.

Eine Disco am Schlagbaum fand nicht mehr statt.

Aus Fehlern lernt man bekanntlich. Manchmal.

Uwe und Petra sind übrigens seit über 40 Jahren glücklich verheiratet.

WANDERUNG 8

Thüringer Rhönhaus - Basaltsee - Rhönwald bei „Alter Rechter" und Haarnadelkurve - Oberweid - Thüringer Rhönhaus

Diese Etappe unserer Grenzwanderungen in der Rhön begibt sich diesmal in den Grenzabschnitt der ehemaligen 9. Grenzkompanie Kaltenwestheim.

Unsere Wanderung starten wir an der Ausflugsgaststätte „Thüringer Rhönhaus" (A). Das Rhönhaus war, wie bereits bei Wanderung 7 geschildert, bis 1982 ein MfS-Objekt, in dem Schleusungen im Grenzabschnitt „Alte Rechte / Haarnadelkurve" konspirativ vorbereitet und durchgeführt wurden.

Vom Parkplatz der Gaststätte gehen wir ca. 200 m auf der Forststraße bergab. Dort an der Infotafel biegen wir nach links in den Rhönwald ab. Vor der Weggabelung sollte der Wanderer nach rechts ca. 100 m gehen und die herrliche Aussicht bei

Tourdaten:
mittelschwer - 7,5 km - 2,5 Stunden - 270 Höhenmeter

Maplibre | © Komoot | Map data © OpenStreetMap-Mitwirkende"

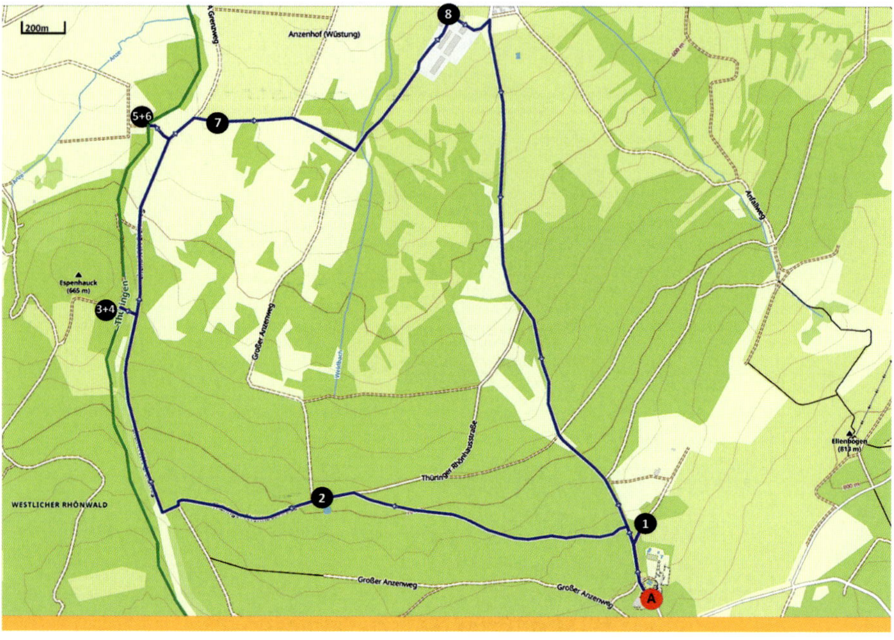

der kleinen Rhönklub-Wanderhütte (1) auf Oberweid, Unterweid und in westlicher Richtung auf die Kuppenrhön genießen.

Wir durchwandern das Naturschutzgebiet (NSG) Rhönwald in westlicher Richtung und stoßen nach etwa 1,5 km auf den Basaltsee (2), einen alten aufgelassenen Basaltsteinbruch, der sich im Laufe der Jahrzehnte mit Wasser gefüllt hat. Der Basaltsee ist idyllisch im Naturschutzgebiet gelegen und verfügt über einen kleinen, etwa 10 m hohen Wasserfall. Das NSG ist das streng geschützte Brutgebiet des Schwarzstorches. Ornithologisch geschulte Wanderer können im Frühsommer neben zahlreichen verschiedenen Singvogelarten auch am Tag den seltenen Sperlingskauz nach seinen Jungvögeln rufen hören.

Vom Basaltsee gehen wir 500 m auf der Thüringer Rhönhausstraße weiter und gelangen dort an der Haarnadelkurve (von den Grenzsoldaten wegen der schwierigen Kurve so genannt) nach ca. 50 m wieder auf einen Trampelpfad im Wald, der uns auf den vollkommen zugewachsenen Kolonnenweg, bergab in Richtung Oberweid, führt.

Hier in diesem Grenzabschnitt erfolgten in den 60er, 70er Jahren und bis 1982 die Schleusungen durch das MfS. In Zeiten, in denen Schleusungen von Personen

Basaltsee

oder Material für Kundschafter erfolgten, war dieser Grenzabschnitt frei von Grenzposten. Dem MfS kam hier zugute, dass eine funktionsfähige Minensperre damals nicht existierte und der zu großen Teilen verrottete Stacheldrahtzaun kein wirkliches Hindernis für Schleusungen von Personen oder Materialübergaben für Kundschafter war. Auf hessischer Seite war der Abschnitt ebenso unzugänglich und das Risiko der Entdeckung einer Schleusung durch den BGS oder Zoll entsprechend gering. Da der Grenzabschnitt auch tagsüber häufig nicht mit Grenzstreifen besetzt war, kann nicht ausgeschlossen werden, dass hier auch am Tag Schleusungen relativ problemlos durch das MfS realisiert werden konnten. Auf dem Kolonnenweg angekommen, sehen wir diesen unter unseren Füßen fast nicht mehr. Er ist nahezu vollständig mit Gras, Gebüsch und jungen Bäumen zugewachsen. Beim Wandern auf dem Kolonnenweg sind jetzt Konzentration und Trittsicherheit notwendig. An manchen Stellen müssen wir auf dem Weg meterhohe Brennnesseln, Gebüsch und junge Bäume beiseiteschieben. Der Weg bergab auf dem Kolonnenweg ist etwas beschwerlich und erfordert Trittsicherheit, weil er nach Regen glitschig sein kann.

Nach etwa 800 m auf dem fast zugewucherten Kolonnenweg kommen wir etwa 30 m links vom Kolonnenweg im Wald an einem alten Grenzstein (3+4) an der hessisch-thüringischen Grenze vorbei. Dieser Grenzstein steht unweit des Espenhauck (665 m NN) auf hessischer Seite. *In der Nähe des alten Grenzsteins aus dem 19. Jahrhundert stand vormals eine DDR-Grenzsäule, bei der ich im Herbst 1976 ein besonderes Grenzerlebnis hatte. Dazu gibt es nach Abschluss der Wanderung eine gesonderte Grenzgeschichte .*

An dieser Stelle möchte ich darauf eingehen, wie sich ein Postenpaar in der Tag- oder Nachtschicht gegen die regelmäßig aufkommende Müdigkeit und Langeweile zur Wehr gesetzt hat. Dazu muss gesagt werden, dass niemals das gleiche Postenpaar mehrmals hintereinander in den Grenzdienst ging. Wir waren im dritten Zug in Frankenheim insgesamt 14 Soldaten und Gefreite (Postenführer), dazu kamen 3 Unteroffiziere auf Zeit und ein Zugführer als Berufsunteroffizier (Zehn-Ender im Grenzerjargon) oder Offizier. Insgesamt also 18 Soldaten, Unteroffiziere und Berufsunteroffiziere bzw. -offiziere. Es waren immer sechs oder sieben Postenpaare für den Grenzdienst verfügbar, die täglich personell neu zusammengesetzt wurden und in einem anderen Grenzabschnitt der Kompanie zum Einsatz kamen. Es war ein 4-Schicht-Rhythmus in rollender Woche mit Frühschicht, Tagschicht, Nachtschicht und Politausbildung sowie dienstfrei mit Ausgang. Dieser Rhythmus war zermürbend und stressig, wenn man die langen Fahrtstrecken in der Bataillonssicherung berücksichtigt, kamen locker zehn Stunden Grenzdienstschichten ohne Nachbereitung bzw. Vorbereitung für den Dienst zusammen. Auch nicht jeder Postenführer ging nach dem Klassifizierungssystem der V2.000 mit jedem Posten in den Grenzdienst. Nach diesem Wechselsystem ging man etwa alle 6 oder 7 Tage wieder mit demselben Posten oder Postenführer. Ich durfte als sogenannter B-Schlauch nach der MfS-Klassifizierung mit jedem Postenführer und Posten aus unserem Zug in den Grenzdienst gehen. Dieses System war vom MfS und den Grenztruppen so installiert, damit sich keine echten Freundschaften zwischen Posten und Postenführer mit der Zeit herausbildeten, die eventuell zu einer gemeinsamen Fahnenflucht führten. Wer mit wem, also welches Postenpaar auf Grenzdienst ging, erfuhren wir erst bei der „Vergatterung" (Befehlsempfang), bei der wir den konkreten Tagesbefehl der Grenzsicherung erhielten, wenn der gesamte Zug schon auf dem Hof zum Grenz-

Blick auf Oberweid und Ellenbogen mit Objekt Blitz (rechts oben) in den 80er Jahren

Objekt Blitz am Ellenbogen

dienst bereitstand. Auch das war eine präventive Maßnahme der Kompanieführung, damit kein Postenpaar vorab die Chance hatte, vor dem Beginn einer Grenzschicht Absprachen für eine gemeinsame Fahnenflucht zu treffen. Das System war sehr aufwändig für die Kompanieführung, da durch Krankheit, Urlaub oder aus disziplinarischen Gründen die Planung des Öfteren umgestellt werden musste. Man sah unserer Kompanieführung, dem KC und stellvertretenden KC, den täglichen Stress

Zugewachsener Kolonnenweg Richtung Oberweid

im Gesicht an, sie wirkten um Jahre älter, als sie in Wirklichkeit waren. Dies war auch der Grund, warum in den seltensten Fällen der Kompaniechef länger als 4 Jahre auf einer Kompanie im Einsatz war. Die meisten Offiziere strebten nach dem Grenzdienst einen ruhigeren Posten im Bataillon oder Regiment an. Die Offiziere, welche die „höheren Weihen" hatten, strebten in ihrer Karriere das Grenzkommando Süd in Erfurt an.

Jetzt wieder zurück zu den „Beschäftigungsmöglichkeiten" im Grenzdienst, um die Langeweile totzuschlagen. Eine Möglichkeit war, Radio zu hören mit dem Grenzmeldenetzsprechgerät, „Gummiohr", weil das Gerät aus Gummi war, so im Grenzerjargon genannt und nicht zu verwechseln mit der abwertenden Bezeichnung von IM des MfS. Dazu wurde im „Gummiohr" illegal eine Diode zur Überbrückung installiert. Zum Radiohören der Sendung des Jugendradios DT64 „Wünsch dir Tanzmusik" konnten wir somit leise Radio hören. Der Empfang anderer Sender war nicht möglich. Der Kontakt zur Führungsstelle blieb erhalten, wenn Befehle erteilt wurden. Wenn der GMN-Hörer so überbrückt war, konnten die anderen Posten und die Führungsstelle dies nicht hören. Das war auch sehr wichtig, weil nicht nur die Führungsstelle unsere Meldungen, Befehlsbestätigungen und Konversation über das GMN mithörte, sondern auch die „VNuller", die V2.000 im Bataillon oder im Regiment.

Nun wieder zurück zu unserer Wanderung durch den Rhönwald, heute fast echter Urwald. Nach etwa 300 m auf dem Kolonnenweg in Richtung Oberweid verlassen wir den Rhönwald und die Landschaft öffnet sich mit Wiesen und Weiden. Auf dem Kolonnenweg hinunter in Richtung Oberweid kommen wir an dem alten Weg von Oberweid nach Simmershausen (5+6) vorüber. Etwa 100 m nach dem Weg verlassen wir den Kolonnenweg und biegen nach rechts in den Anzenweg ein. Wir erreichen eine Bank „Thüringens schönste Aussichten" (7) oberhalb der Wüstung Ziegelhütte. Die Ziegelhütte, deren Ursprünge bis in das 16. Jahrhundert zurückreichten, war eine Ziegelei in unmittelbarer Grenznähe und wurde 1970 zwangsgeräumt und abgerissen. Der Rhönklub hat dort 1999 eine Gedenktafel zur Erinnerung an den ebenso geschliffenen Anzenhof aufgestellt. Von der Wüstung gehen wir weiter auf dem Anzenweg etwa 1 km zum Ortseingang von Oberweid. Am Ende des rechts liegenden Stallgeländes der Agrargenossenschaft (8) biegen wir nach rechts vom Anzenweg ab und gehen etwa 200 m zur Thüringer Rhönhausstraße. Auf diese biegen wir nach rechts ab und treten den Rückweg über 2,2 km durch Wiesen und Weiden stetig bergauf durch das NSG Rhönwald zum Thüringer Rhönhaus an.

Abschließend ist anzumerken, dass dieser Wanderabschnitt aufgrund der Streckenlänge nicht den Standort des Kompaniegebäudes auf dem Weidberg bei Kaltenwestheim miteinschließt. Wer das noch vergleichsweise relativ gut erhaltene Kompaniegebäude der 9. Kompanie auf dem Weidberg bei Kaltenwestheim besuchen möchte, sollte sich vor dem Besuch bei der Leiterin des dortigen Campingplatzes anmelden. Mit etwas Glück gestattet die Leiterin des Objektes einen Blick in das alte Kompaniegebäude. Die Zimmerstruktur auf den Fluren ist noch original und in einem Zimmer ist eine Art „Grenzmuseum" mit verschiedenen Devotionalien der DDR-Grenztruppen zu besichtigen. Die Anfahrt von Oberweid oder aus Kaltenwestheim zum Weidberg erfolgt nur mit dem PKW. Zur Grenzkompanie Kaltenwestheim sollte auch angemerkt werden, dass es 1977/78 in der Kompanie disziplinarische Probleme und besondere Vorkommnisse gab. Diese gipfelten in zwei erfolgreichen Fahnenfluchten von Grenzsoldaten. Zuerst floh ein Soldat in die BRD während des Ausgangs, später der Nachrichtenunteroffizier der Kompanie, der bei seiner Flucht die Unerfahrenheit eines Reservisten im Gebiet zur erfolgreichen Flucht nutzte. Dieser Nachrichtenunteroffizier wurde nach seiner Flucht vom BGS in Fulda routinemäßig nach den aktuellen Strukturen der Grenzsicherung und den Offizieren der Kompanie befragt. Bei der Befragung stellte sich heraus, dass der BGS-Beamte, der die Befragung mit ihm führte, sein ihm unbekannter Cousin mütterlicherseits war. Damit hatte keiner der beiden gerechnet. Die Freude bei dem fahnenflüchtigen Unteroffizier und beim BGS-Beamten war groß. Das MfS dokumentierte dieses Ereignis in den Untersuchungsunterlagen zur Fahnenflucht. Diese Fahnenfluchten waren unter anderem auch möglich, weil im Grenzabschnitt der Kompanie Kaltenwestheim, insbesondere im Bereich um den Staufelsberg, die topografischen und geologischen Möglichkeiten es verhindert hatten, einen funktionstüchtigen Minenstreifen an der Grenze zu installieren. Nach Auswertung der disziplinarischen Probleme und der zwei gelungenen Fahnenfluchten wurde der Kompaniechef, Major H., ins Regiment nach Dermbach strafversetzt. Auch die zeitweise Installation von mindestens 5 IM und neuen Offizieren auf der Kompanie konnte die disziplinarischen Probleme sowie die Fahnenfluchten nicht verhindern. Die 9. Kompanie in Kaltenwestheim war im Zeitraum 1977/78 aus unterschiedlichen Gründen nicht der einzige Problemfall im Grenzregiment 3 Dermbach. Es zeigte sich, dass es trotz akribischer Personalauswahl und ständiger Überprüfung durch die V2.000 Probleme gab, die nicht beseitigt werden konnten. Alkoholmissbrauch, Disziplinarvergehen verschiedener Art, Feindkontakt und Dienstentpflichtungsgesuche von Berufsunteroffizieren und Offizieren der Grenztruppen sind hier zu nennen. In den 80er Jahren nahmen diese Probleme im Regiment weiter zu. Es zeigte sich zunehmend, dass die Personalrekrutierung für die Grenztruppen immer schwieriger wurde, da die Jugend den Parolen der Partei- und Staatsführung der

Wanderhütte beim Rhönhaus

DDR immer weniger Glauben schenkte und die Bereitschaft, den Dienst bei den Grenztruppen anzutreten, deutlich nachließ.

Neben dem ehemaligen Kompaniegebäude kann man die „Arche Rhön" anschauen. Die „Arche" ist eine neue touristische Attraktion in der „Erlebniswelt Rhönwald". Sie bietet für Familien mit Kindern eine aktive und erlebbare Sicht auf Natur und Umwelt und schärft das Bewusstsein für den behutsamen Umgang mit dieser.

In der näheren Umgebung von Kaltenwestheim laden die Kirchenburg in Kaltensundheim und die Altstadt von Kaltennordheim zur Besichtigung ein.

Wer nach Besichtigung der Kompanie hungrig und durstig ist, kann eine Rast in Oberweid im „Gasthof und Pension Silberdistel" einlegen oder mit dem Auto nach Kaltensundheim in die „Gute Quelle" fahren. Dort gibt es eine sehr gute und schmackhafte Rhöner Küche.

Zum Abschluss unserer Wanderung gibt es eine interessante Grenzgeschichte, die ich selbst in diesem Grenzabschnitt erlebt habe:

Versehentlicher Grenzübertritt von zwei Grenzsoldaten nach Hessen

Es war im Frühsommer 1976. Zu dieser Zeit war ich noch Posten in Frankenheim und unsere Kompanie befand sich noch in der Kompaniesicherung. Unsere linke Nachbarkompanie, die 9. Grenzkompanie in Kaltenwestheim, war am nächsten Tag zum Schießen befohlen und unser Zug musste deren Nachtschicht im Abschnitt von Kaltenwestheim übernehmen.

In der besagten Nachtschicht wurden wir auf dem LO über die „Alte Rechte" und „Haarnadelkurve" erstmals zum Abschnitt der 9. Kompanie gefahren. Wir stiegen irgendwo im Rhönwald vom LO ab.

Unser Zugführer kannte den Abschnitt der 9. GK auch nicht sehr genau und sagte uns zur Einweisung in den Abschnitt nur: „Männer, hier irgendwo im Wald Richtung Oberweid muss die Staatsgrenze sein, dort findet Ihr auch die Grenzmeldenetzmasten. Ich wünsche euch viel Erfolg im Abschnitt".

Das war alles an konkreter Einweisung in den uns unbekannten Abschnitt und wir standen da nun bei einbrechender Dunkelheit.

Einige ehemalige Grenzer, die diesen Abschnitt kennen, werden sicher bestätigen, in welch marodem Zustand sich die dortige Grenzsperre 1976 befand: Dicht bewaldet bis an den Kolonnenweg, bestand die Grenze aus einem ca. 1,80 m hohen, oft defekten, alten Stacheldrahtzaun an Betonsäulen, von einer Minensperre war so gut wie nichts zu sehen. Kein erkennbarer 6m-Kontrollstreifen aufgrund der geologischen Verhältnisse des extrem harten Basaltgesteins in der Hohen Rhön und dichter Wald bis fast an den Grenzzaun.

Also standen wir ahnungs- und orientierungslos bei Dunkelheit im Wald zur Nachtschicht im fremden Abschnitt.

Befehlsgemäß versuchten wir nun, uns irgendwie zu orientieren und den nächsten Grenzmeldenetzmasten (GMN) zu finden, um uns ordnungsgemäß im Abschnitt bei der Führungsstelle zu melden, nachdem wir uns eine Weile durch Wald und Gestrüpp geschlagen hatten. Vom Grenzzaun und Kolonnenweg war bei fast vollständiger Dunkelheit nichts zu sehen und auch nichts zu spüren, z.B. durch Hängenbleiben im Stacheldrahtzaun.

Kompanie Kaltenwestheim

Plötzlich tippte mir mein Postenführer auf die Schulter und sagte zu mir: „Dreh dich mal um!“. Da sah ich hinter uns, in einigen Metern Entfernung, die Grenzsäule der DDR. Vermutlich war es die ehemalige Grenzsäule Nr. 1833.

Wir waren versehentlich nach Hessen gelaufen!

Wir haben uns sehr dumm und verdattert angeschaut und geguckt, ob BGS oder Zoll etwa schon auf uns warteten, um uns einzusammeln!

Glücklicherweise war nichts von den Kameraden auf der anderen Seite der Grenze in der Wildnis im Wald zu sehen. Wir sind dann schleunigst auf das Territorium der DDR zurückgegangen.

Wir haben nach einer gewissen Zeit der Suche auch den GMN-Masten gefunden, uns dort angemeldet und die ganze Nacht bis zur Ablösung meist in der Nähe des GMN-Masten verbracht, um nicht Gefahr zu laufen, wieder versehentlich nach Hessen rüberzustolpern.

Wir hatten als Postenpaar vereinbart, über den Vorfall mit niemanden zu sprechen, da wir eine eventuelle Bestrafung nicht ausschließen konnten.

Wie ich später von einem ehemaligen Kameraden, dem Unterfeldwebel Wolfgang I., erfuhr, ist wohl 1975 einem Postenpaar im Abschnitt am Rhönkopf das Gleiche passiert. Dort war es damals so neblig, dass man kaum eine Sicht von 10 m hatte. Es existierte zu der Zeit wohl nicht mal eine alte Stacheldrahtsperre, sondern nur große Steinhaufen, ehemals vom Reichsarbeitsdienst in den 30er Jahren gesammelte Basaltsteine. Das Postenpaar soll bei dichtem Nebel dort versehentlich nach Bayern hineingelaufen sein. Sie hatten dies erst bemerkt, als sie in ihrem Rücken einen weiß-blauen, bayerischen Grenzpfahl sahen. Auch sie hatten diesen versehentlichen Grenzübertritt nach Bayern der Kompanieführung nicht gemeldet.

Anzenhof vor der Schleifung

WANDERUNG 9

Theobaldshof - Wüstung Kohlbachshof - FüSt Horbel - Andenhausen - Katzenstein - Erbhof - Theobaldshof

Da unsere Wanderung in Form einer 8 verläuft, kann man auch nur eine Schleife laufen, wenn man kürzer wandern möchte.

Wir starten unsere Wanderung am Parkplatz neben dem Friedhof von Theobaldshof (A). Theobaldshof ist der am nächsten zur ehemaligen Grenze gelegene Ortsteil von Tann. Wir überqueren die Hauptstraße und biegen in die Straße „An der Birke" ein und folgen dem Weg (1) etwa 1,1 km durch die Wiesen in nordöstlicher Richtung. Dabei müssen wir nach ca. 600 m Feldweg (2) eine Strecke von 500 m außerhalb der markierten Wege (Off-Grid) über die Wiesen gehen. Anschließend erreichen wir den Kolonnenweg und biegen nach rechts ab, um

Tourdaten:
mittelschwer - 11,5 km (500 m Off-Grid) - 3,5 Stunden - 250 Höhenmeter

Maplibre | © Komoot | Map data © OpenStreetMap-Mitwirkende"

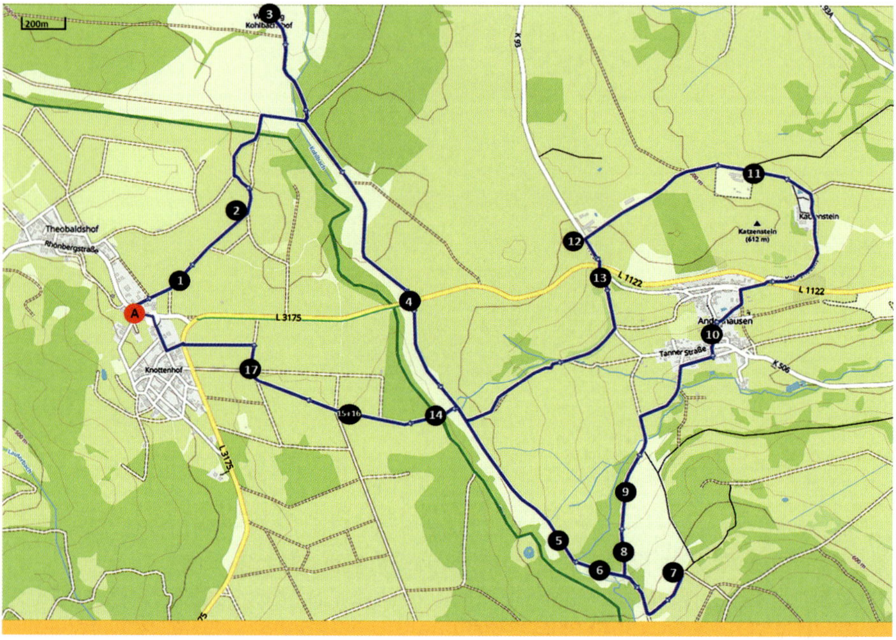

nach knapp 150 m im Wald nach links in Richtung Wüstung Kohlbachshof zu gehen. Die Wüstung (3) erreichen wir nach weiteren 400 m. Dieser Bauernhof im Schutzstreifen wurde auf Befehl der SED-Kreisleitung 1972 geschleift und dem Erdboden gleichgemacht. Ein paar Mauerreste und der Kellerabgang sind noch zu erkennen, ebenso Teile des ehemaligen Bauerngartens. Zufällig trafen wir bei der Wanderung dort den Neffen der ehemaligen Eigentümer, Stephan H.. Er erzählte uns, dass seine Cousine die Grabsteine ihrer Eltern, nachdem die Gräber auf dem Friedhof aufgelassen wurden, dorthin hat bringen lassen.

Nach der Besichtigung der Wüstung Kohlbachshof gehen wir die 400 m zur letzten Kreuzung zurück und folgen geradeaus im Wald dem Weg etwa einen Kilometer. Wir überqueren die Straße Andenhausen-Theobaldshof (4). Dort an der Straße erinnert ein Informationsschild an die Grenzöffnung am 22.12.1989. Am Straßenrand informieren Infotafeln über diesen Grenzabschnitt, der bis zur Wende mit Grenzsignalzaun, Kfz-Sperrgraben und Splitterminen (bis Ende 1984) am Streckmetallzaun vollständig ausgebaut war. Jetzt ist davon nichts mehr zu erkennen.

Wüstung Kohlbachshof

FÜST am Horbel

Wir gehen auf dem Kolonnenweg (5+6), nach etwa 1,7 km biegen wir beim Wanderwegweiser nach links ab und begeben uns zur ehemaligen FüSt der Kompanie Andenhausen auf den „Horbel" (7). Die FüSt können wir nur von außen besichtigen. Dort können wir an dem Rastplatz auf 620 m Höhe eine kleine Wanderpause einlegen. Vom Horbel aus hat man einen herrlichen Fernblick. In nordöstlicher Richtung kann man bei guter Sicht den Thüringer Wald mit dem Inselsberg sehen. In südwestlicher Richtung die Thüringer Rhöndörfer Kaltenwestheim, Kaltensundheim, Unterweid und Oberweid. Auf hessischer Seite sieht man die Stadt Tann, Simmershausen und andere kleine Dörfer der Kuppenrhön. Ebenso die Berge der Hohen Rhön bei Frankenheim, so den Ellenbogen mit Noahs Segel, den Rhönkopf und den Sendemast Dreispitzen sowie den Salkenberg unweit des Heimatblicks auf bayerischer Seite. Die FüSt beim Horbel liegt noch im Dornröschenschlaf und ist auf einer Seite mit wildem Wein vollkommen zugewachsen. Es wäre gut, wenn sich, wie bei der FüSt auf dem Dachsberg bei Hermannsfeld, die zuständige Gemeinde Kaltennordheim zur Sanierung des reizvoll gelegenen Grenzdenkmals entschließen könnte.

Vom Horbel gehen wir nun talwärts wieder zurück auf den Kolonnenweg und biegen dort nach 400 m rechts in Richtung Andenhausen ab. Durch die extensiv bewirtschaftete Wiesen- und Weidelandschaft (8+9) wandern wir talwärts ca. 1 km

Kompanie Andenhausen

nach Andenhausen (10). Im Dorf kommen wir an einigen schönen Fachwerkhäusern und der kleinen Dorfkirche vorbei. Am Ende des Katzensteinwegs überqueren wir die Straße Andenhausen-Theobaldshof und gehen weiter bergauf Richtung „Hotel Katzenstein".

Am Hotel erwartet uns ein fantastischer Ausblick auf die Berge der Hohen Rhön, der Langen Rhön sowie die Kuppenrhön. Das Hotel am Katzenstein wurde im Dritten Reich als Erholungsheim für verdiente NS-Parteigenossen, sogenannte „alte Kameraden", erbaut. Ab den 60er Jahren bis Ende 1989 diente das herrlich gelegene Objekt den hauptamtlichen Mitarbeitern der MfS-Bezirksverwaltung Suhl als Erholungsheim. Das Objekt wurde also immer von besonders privilegierten Unterstützern des jeweiligen Systems genutzt. Es stellt sich die Frage, was wohl die Grenzsoldaten der Kompanie Andenhausen damals gedacht haben mögen, als sie sahen, wie luxuriös die MfS-Mitarbeiter dort in unmittelbarer Grenznähe ihren Urlaub verbrachten? Seit 2021 ist das Hotel am Katzenstein leider geschlossen.

Etwa 400 m vom Hotel kommen wir zum Gebäude der 8. Grenzkompanie Andenhausen (11). Heute ist das Objekt leider eine Ruine und wird vom Eigentümer als Mülldeponie zweckentfremdet.

der Erbhof am Katzenstein

Wir bleiben auf dem Wanderweg und erreichen nach ca. 700 m den Erbhof am Katzenstein (12). Dass dieser schöne Bauernhof im Fachwerkbaustil unmittelbar am Schutzstreifen nicht geschleift wurde, verdankt er einem Besuch von Erich Honecker im September 1961:

Die List des LPG-Mitglieds – der Erhalt des Erbhofes bei Andenhausen

In den 30er Jahren errichteten die Nazis in allen Teilen Deutschlands sogenannte „Burgbauernhöfe" als landwirtschaftliche Vorzeigehöfe für besonders verdiente alte NS-Kameraden. So auch in der Rhön. In der Nähe von Andenhausen entstand 1935 durch den Reichsarbeitsdienst ein solcher Hof unweit des Katzensteins. Der Hof wurde 1936 fertiggestellt und bis 1945 bewirtschaftet.

Besuch von Erich Honecker am Erbhof

Von 1946 bis 1952 bewirtschaftete die Flüchtlingsfamilie Tietze den Hof. Ehe die Grenze unüberwindbar wurde, floh die Familie Ende 1952 mit ihren Habseligkeiten und dem Vieh nach Hessen. Von 1952 an war die Deutsche Grenzpolizei im Hof einquartiert, die auch den Anbau am Hof vornahm. Die Mitte der 50er Jahre neugegründete LPG in Andenhausen durfte die dort vorhandenen Stallungen und die Scheune weiter nutzen. Besonders die Familie D. aus der LPG Andenhausen bemühte sich, den Hof zu erhalten . Sie war in dieser schwierigen Zeit die gute Seele des Erbhofes.

Den Grenztruppen und dem MfS war der Hof durch dessen Grenznähe nahezu am Schutzstreifen ein ständiger Dorn im Auge. Der Abriss des Hofes war faktisch beschlossen und sollte Anfang der 60er Jahre auf Beschluss der SED-Kreisleitung realisiert werden. Von dieser Planung hatte auch das clevere LPG-Mitglied D. erfahren und wollte dies unbedingt verhindern.

Am 15. September 1961 bot sich die einmalige Chance dafür. An diesem Tag besuchte der damalige Vorsitzende des Nationalen Verteidigungsrates der DDR, Erich Honecker, den Erbhof bei Andenhausen. Erich Honecker erkundigte sich be-

das ehemalige „Traditionskabinett" im Erbhof als heutiger Hofladen

müht volksnah nach den Dienst- und Lebensbedingungen der dort untergebrachten Grenzsoldaten. Er interessierte sich für die persönlichen Probleme der verheirateten Grenzsoldaten. Insgesamt verbrachte er fast zweieinhalb Stunden auf dem Erbhof. Herr D. und seine Unterstützer in der LPG gestalteten kurze Zeit später, zur Erinnerung an den Honecker-Besuch, einen kleinen „Traditionsraum" auf dem Hof. Dort waren Fotos von Erich Honecker im Gespräch mit Grenzsoldaten und dem Kompaniechef auf dem Hof zu sehen. Natürlich konnte man ein Gebäude mit diesem wichtigen „Traditionsraum" nun nicht mehr abreißen.

1986 wurde im Erbhof offiziell zu Ehren Erich Honeckers das „Traditionskabinett" eingerichtet. Die LPG Andenhausen durfte den inzwischen von den Grenztruppen geräumten Hof weiter landwirtschaftlich nutzen. Bewohner gab es zu dieser Zeit auf dem Hof nicht mehr. Dieses „Traditionskabinett" auf dem Erbhof hatte bis Ende 1989 Bestand.

Alle anderen Höfe und Weiler in unmittelbarer Grenznähe wurden geschleift. So hat der Erbhof seinen Fortbestand der Idee des LPG-Mitglieds D. zu verdanken.

Die neuen Eigentümer des Erbhofs Katzenstein haben ihn aufwändig saniert und bieten ihn heute als Feriendomizil für Familien mit Kindern an.

Anschließend überqueren wir erneut die Straße zwischen Theobaldshof und Andenhausen (13) und gehen über Wiesen und Felder (14-17) ca. 3 km zurück zum Parkplatz.

Wir möchten eine weitere Wanderung vom Parkplatz in Theobaldshof aus empfehlen. Sie führt zur Roßbergkanzel, Hin- und Rückweg belaufen sich auf ca. 5 km, es sind 90 Höhenmeter und ca. 1,5 Stunden Wanderzeit.

Vom Parkplatz führt unser Weg über die Straße nach Tann in Richtung Ortsmitte. Kurz vor dem Ortausgang in Richtung Tann biegen wir nach rechts in die Derm-

Aussicht von der Roßbergkanzel

bacher Straße ein und nach ca. 300 m biegen wir auf einen befestigten Feldweg nach links ab. Auf diesem Weg folgen wir der Beschilderung zur Roßbergkanzel, die wir nach etwa 1,5 km erreichen. Von hier haben wir einen herrlichen Ausblick auf die hessische und thüringische Vorderrhön. Im Hintergrund sehen wir die kegelförmigen Abraumhalden des Salzbergwerkes in Merkers. Wir sehen Geisa und bei guter, klarer Sicht auch die B-Türme beiderseits der Grenze bei Point Alpha. Auf hessischer Seite erkennen wir kleine Ortschaften und die Berge der hessischen Vorderrhön.

Wer gern gutbürgerlich essen möchte, kann dies in Theobaldshof in der Gaststätte zur „Schönen Aussicht" tun.

Für kulturinteressierte Wanderer ist ein Besuch der barocken Wallfahrtskirche der ehemaligen Propstei Zella in Zella/Rhön empfehlenswert, die aus einer Benediktinerinnen-Abtei entstand. Die Ursprünge der ersten Klosteranlage in Zella/Rhön gehen auf das 12. Jahrhundert zurück. Die wunderbar ausgestaltete Kirche, erbaut von 1715 bis 1732, strahlt heute wieder in ihrer barocken Pracht. In den Nebengebäuden des ehemaligen Klosters Zella ist heute das Biosphärenreservat Rhön sowie ein Heimatmuseum untergebracht. Auch ein historischer Obstbaupfad befindet sich am Kloster.

Zusätzlich empfehlen wir sehr einen Besuch des Schnitzer- und Holzbildhauerdorfes Empfertshausen. Dort sind schon seit Jahrhunderten die besten Schnitzer und Holzbildhauer aus der Rhön und ganz Thüringen ansässig, und hier befindet sich die einzige ostdeutsche, deutschlandweit bekannte Schnitzer- und Holzbildhauerschule. Sie wurde bereits in den 30er Jahren des vorigen Jahrhunderts gegründet und hatte ihren Fortbestand in der DDR, als Empfertshausen noch im Grenzgebiet der DDR lag. Die Absolventen haben schon viele nationale und internationale Preise für ihre Schnitzkunst erhalten und gewinnen fast jährlich den ersten Preis im nationalen Vergleich. Eine offizielle Besichtigung der Schnitzer -und Holzbildhauerschule ist leider nicht möglich, um den Schulbetrieb nicht zu stören. Im Ort sind zwei Schnitzer mit Läden ansässig, in denen man Schnitzkunst kaufen kann. Der Ort selbst ist hübsch mit einigen schönen alten Fachwerkhäusern. Auch die kleine Barockkirche in der Ortsmitte lädt zur Besichtigung ein. Die Straßen in Empfertshausen wurden von Schülern der Schnitz- und Holzbildhauerschule mit großen Holzskulpturen versehen.

Auch Tann ist ein sehenswerter Ort mit altem Stadtkern, Schloss und Freilichtmuseum beim Schloss. Dort gibt es auch mehrere gute Einkehrmöglichkeiten.

Da wir ein Wanderbuch entlang der ehemaligen innerdeutschen Grenze schreiben, darf auch nicht der „Schießbefehl" und dessen individuelle Auslegung und Anwendung im Ernstfall zur Verhinderung einer Republikflucht in unserem Buch fehlen. In der Grundausbildung, im Ausbildungsregiment in Eisenach, wurden wir im Politunterricht immer wieder darauf getrimmt, im Falle eines versuchten Grenzdurchbruches die Schusswaffe „als letztes Mittel der Gewaltanwendung zur Verhinderung eines Grenzdurchbruches" zu gebrauchen. Grundlage dafür war der § 27 des DDR-Grenzgesetzes, dort heißt es dazu: „(1) Die Anwendung der Schusswaffe ist die äußerste Maßnahme der Gewaltanwendung gegenüber Personen. Die Schusswaffe darf nur in solchen Fällen angewendet werden, wenn die körperliche Einwirkung ohne oder mit Hilfsmitteln erfolglos blieb oder offensichtlich keinen Erfolg verspricht. Die Anwendung der Schusswaffe gegen Personen ist erst dann zulässig, wenn durch Waffenwirkung gegen Sachen oder Tiere der Zweck nicht erreicht wird...".

Immer wieder wurden wir im Politunterricht gebetsmühlenartig mit dieser Frage konfrontiert, ob wir im Ernstfall des versuchten Grenzdurchbruchs die Schusswaffe anwenden würden. Ich habe, wie alle anderen Kameraden, auf diese Frage formal mit „Ja" geantwortet. Ein „Nein" als Antwort hätte mich persönlich den sicheren Studienplatz an der Universität gekostet. Ich weiß, dass meine formale Bejahung der Frage opportunistisch war! Jeder von uns hat gehofft, im Grenzdienst nicht in diese Notsituation zu kommen. Ich hatte nach Rücksprache mit meinem Vater für mich persönlich entschieden, im Ernstfall zu schießen, aber absichtlich vorbeizuschießen, um den Flüchtenden nicht mit der Waffe zu verletzen oder zu töten. Was mein Kamerad im Grenzdienst in der Situation machen würde, das war seine persönliche Entscheidung, auf die ich keinen Einfluss haben würde. Im Grenzdienst haben wir manchmal darüber gesprochen und immer gehofft, dass die Situation nie eintritt. Glücklicherweise bin ich in dem einen Jahr an der Grenze nicht in diesen Gewissenskonflikt gekommen. Dafür bin ich heute noch dankbar. Zur strafrechtlichen Verantwortung für die Tötung von Flüchtlingen an der DDR-Grenze wurden in Prozessen nach der Wende die verantwortlichen Generäle und einzelne Soldaten gezogen, die im Grenzdienst Flüchtlinge erschossen hatten. Der letzte ehemalige Chef der DDR-Grenztruppen, Generaloberst Dieter Baumgarten, wurde zu 6 Jahren Haft verurteilt, ebenso auch andere verantwortliche Generäle der Grenztruppen und der NVA, unter ihnen auch Generaloberst Fritz Streletz. Fast keiner dieser Generäle, besonders

Baumgarten, zeigte Einsicht oder Reue für sein Verhalten und seine Befehle an der Grenze. Die Soldaten, die sich juristisch verantworten mussten, wurden meist zu Bewährungsstrafen verurteilt, weil sie auch im gewissen Sinn unter Befehlsnotstand standen und ein Nichtschießen oder nachgewiesenes absichtliches Vorbeischießen an den Flüchtenden zu harten Militärstrafen in der Militärhaftanstalt Schwedt geführt hätten.

Verhinderte Fahnenflucht

Der 20jährige Unteroffizier Gerhard W. aus der Grenzkompanie Andenhausen war Kandidat der SED, FDJ-Mitglied und hatte eine 21jährige Freundin aus Empfertshausen, die an der Schnitz- und Holzbildhauerschule beschäftigt war. Die beiden planten, zusammen am 9.12.1964 in die Bundesrepublik zu fliehen. Gegen 11 Uhr begab sich der Unteroffizier W. zusammen mit dem Soldaten R. zur Postenkontrolle in das Grenzgebiet. Entgegen ihres Befehls gingen sie nicht direkt in den Grenzabschnitt von Andenhausen, sondern zunächst nach Empfertshausen, wo der Unteroffizier angeblich seiner Verlobten zum Geburtstag gratulieren wollte. Während der Unteroffizier seine Verlobte im Wohnhaus aufsuchte, wartete der Soldat vor der Haustür. Nach zehn Minuten verließen beide zusammen das Haus. Beide trugen jeweils einen Koffer und eine Tasche bei sich, die sie angeblich auf der Post in Andenhausen abgeben wollten. Unterwegs gaben beide ihre Maschinenpistolen der Freundin des Unteroffiziers, damit sie besser die Koffer tragen konnten. Erst als sie sich in unmittelbarer Nähe der Staatsgrenze befanden und den Ort Andenhausen umgangen hatten, wurde Soldat R. stutzig und sagte zu W.: „Ihr wollt wohl nach Westdeutschland abhauen?" Daraufhin nahm der Unteroffizier seine MP von der Freundin zurück, lud sie durch und forderte den Soldat R. auf, ruhig zu sein und vorneweg zu gehen. Nach einem kurzen Stück Richtung Grenze ließ R. jedoch die Koffer fallen und sprang den Unteroffizier an. Es kam zu einem Handgemenge. Als beide am Boden lagen, gelang es dem Soldaten, die MP des Unteroffiziers nach unten zu drücken. R. entriss W. die Waffe, gab mehrere Signalschüsse ab und schoss den Unteroffizier gezielt in den linken Unterschenkel. Dieser blieb am Boden kampfunfähig liegen. Anschließend schoss der Soldat auf die bereits über die Grenze flüchtende Freundin. Trotz des gezielten Feuers gelang es der Verlobten, die Grenzsperranlagen zu überwinden und unter Zurücklassen der von ihr getragenen MPi in die BRD zu flüchten. Als sie gezielt beschossen wurde, hat sie einmal aufgeschrien. Der Unteroffizier wurde festgenommen und zu einer langjährigen Haftstrafe, vermutlich mindestens vier Jahre, wegen besonders schwerer Republik- und Fahnenflucht verurteilt. Er galt in der Kompanie als ein zuverlässiger, positiver und in der gesellschaftspolitischen Arbeit aktiver Angehöriger der Grenztruppen. Soldat R. wurde, obwohl auch er nicht korrekt handelte, nicht bestraft, weil er die Republik- und Fahnenflucht von W. verhinderte. Weitere Untersuchungen zu den Ursachen und Umständen des Grenzdurchbruchs sowie der beabsichtigten Fahnenflucht wurden durch die Grenztruppen und das MfS geführt. Es ist nicht bekannt, ob die Verlobte des Unteroffiziers auf der Flucht angeschossen wurde. Sie ist nach ihrer erfolgreichen Flucht in der BRD verblieben, auch ihr hätte eine Haftstrafe in der DDR wegen Republikflucht gedroht.

Schwerverletzt im Minenfeld

Dass Fluchtversuche zu nahezu 98 % scheiterten, ist allseits bekannt. Insbesondere betrifft die Zahl der gescheiterten Fluchtversuche die Zeit nach 1965, weil im Verlauf der gesamten innerdeutschen Grenze ab dann funktionsfähige Minensperren errichtet waren. Nur in topografisch und geologisch schwierigem Gelände wurden keine Minensperren installiert. Ein gescheiterter Fluchtversuch, der mit schweren Verletzungen für einen Jugendlichen endete, ereignete sich im November 1963 im Grenzabschnitt der Kompanie Andenhausen.

Am 5.11.1963, gegen 1:40 Uhr, versuchten die 16jährigen Jugendlichen Karl-Heinz M. und Volker B. aus Fischbach im Kreis Bad Salzungen, die Minensperre in Richtung BRD zu durchbrechen. Beim Durchqueren der Minensperre löste Karl-Heinz eine Mine aus, die ihm einen Fuß bis zum Knöchel abriss. Volker erlitt durch die Minensplitter leichtere Verletzungen. Die Jugendlichen wurden durch Grenzsoldaten der Kompanie Andenhausen aus der Minensperre geborgen und in das Krankenhaus nach Bad Salzungen zur ärztlichen Versorgung gebracht. Was den beiden Jugendlichen im Anschluss passierte, ist unbekannt. Es wird vermutet, dass Volker, der leichter verletzte Jugendliche, eine Jugendhaftstrafe in der DDR verbüßen musste.

Die Drei-Stunden-Grenzöffnungsfeier

(erstellt nach einem Zeitungsbericht aus der Fuldaer Zeitung, 01.12.2019, Sebastian Kircher)

„Hinter Theobaldshof hat früher die Welt aufgehört", sagt Werner S. (76), der in dem 300-Seelen-Dorf lebt. Hinter dem Tanner Stadtteil liegt nämlich die Grenze zu Thüringen – und damit zur DDR, zum Warschauer Pakt, zum kommunistischen System. Die Theobaldshöfer erlebten hautnah mit, wie die Grenze ab 1961 nach und nach verstärkt wurde: erst Holzpfähle mit Stacheldraht, dann Beton, später Minenfelder und Selbstschussanlagen. Nahe Theobaldshof waren Bundesgrenzschutz, Zoll und US-Soldaten stationiert. Geländewagen, Panzer und Hubschrauber gehörten zum Ortsbild. „Das war für uns zur Normalität geworden", erinnert sich Gisela S. (72).„Andenhausen ist das nächste Dorf. Und dennoch war das eine andere Welt für uns", sagt sie. Man habe mit den Amerikanern mehr zu tun gehabt als mit den Thüringern. „Das war eine paradoxe Situation", beschreibt ihr Sohn Thomas (52). „Denn manche aus den hessischen Orten hatten ja Verwandte drüben. Mit der Grenzschließung mussten sie alles zurücklassen. Die Grenze blieb dicht."

Mit dem Berliner Mauerfall am 9. November 1989 änderte sich für die Theobaldshöfer – nichts. Während die Berliner feierten, blieb die Grenze zwischen Theobaldshof und Andenhausen dicht. „Wir haben das am Fernsehen mit Gänsehaut verfolgt. Für uns war das Ganze doch anders als etwa für Frankfurter oder gar Fuldaer. Wir hatten die Grenze vor der Haustür", sagt Gisela S., ihre Tochter Sonja (51) fügt an: „Es schwang ein wenig Unsicherheit mit, wie es jetzt weitergeht." Auch auf der anderen Seite der Grenze war die Euphorie gedämpft. Die Montagsdemos in der thüringischen Rhön gingen weiter, nachdem klar war, dass sich dort nichts tat. Damals mit dabei war Günter Z. (56) aus Empfertshausen. „Einer unserer Sprüche war ‚Nicht nur Berlin, sondern auch Andenhausen'. Wir hatten ja keinerlei Informationen, wann unsere Grenze endlich aufmachen wird."

Kurze, temporäre Grenzöffnung

Am 27. November 1989, einem Montag, demonstrierten die Bürger von Andenhausen erneut für eine Grenzöffnung. Nach einem abendlichen Gottesdienst in Empfertshausen zogen fast 400 Thüringer auf den nördlich von Andenhausen gelegenen Katzenstein. Das dortige Hotel war ein Erholungsheim für Stasi-Offiziere. „Wir haben am Zaun gerüttelt und verlangt, dass die Grenze endlich geöffnet wird", erinnert sich Günter Z.

Als der Protest immer größer wurde, kamen zwei ranghohe Offiziere an den Zaun. „In dem Moment stand die Welt still. Es hätte ja sein können, dass die den Befehl geben, die Demonstration mit Waffengewalt niederzuschlagen", sagt Z.. Die Menschenmenge zog vom Stasiferienobjekt weiter zur Grenze. Dort standen an einem Tor ein Oberleutnant der Grenzkompanie Andenhausen und der Grenzaufklärer der Kompanie. Auf hessischer Seite der Grenze stand der Zollbeamte F.. Als sich die erregte Menschenmenge dem Tor näherte, sprach der Zollbeamte F. mit dem Oberleutnant der Grenztruppen und dem Grenzaufklärer. Da geschah das Unglaubliche: Das Tor wurde zeitweilig durch die Grenztruppen geöffnet. Es war kurz vor 21 Uhr, als die Grenze geöffnet wurde. Die Öffnung erfolgte aber ausdrücklich nur temporär. Die Soldaten haben gesagt: „Bis Mitternacht seid ihr wieder da. Und wir haben unser Ehrenwort gegeben."

Auf dem Weg zur „Schönen Aussicht"

In Theobaldshof hatte man von all dem Treiben am Grenztor nichts mitbekommen. Die Hessen hatten zuvor mit den DDR-Nachbarn vereinbart, am Abend ebenfalls zur Grenze zu ziehen, um dort zu protestieren. Aber als um 18 Uhr 100 Theobaldshöfer an der Grenze standen, war von den Thüringern nichts zu sehen. Trotz Nebel, Schnee und klirrender Kälte warteten sie eine Weile, bevor sie gegen 20 Uhr wieder zurückgingen. „Wir waren überzeugt: Das wird heute nichts mehr", sagt Thomas S.. In der Gaststätte der Familie „Zur Schönen Aussicht" war das Licht sowieso aus – montags war Ruhetag. Auch Nachbarin Gisela D. (63) erinnert sich: „Ich habe die Kinder ins Bett gebracht, den Schlafanzug angezogen und mich hingelegt – in der Hoffnung, dass das Ost-West-Treffen morgen vielleicht klappt." Aber um 21 Uhr klingelte das Telefon. „Sie kommen, sie kommen ...", rief Zöllner F. in den Hörer. 400 Thüringer waren auf dem Weg in die „Schöne Aussicht". Fassungslos standen die Theobaldshöfer am Straßenrand. „Das war alles so spontan. Ich habe mir nur schnell den Anorak übergeworfen – drunter hatte ich noch den Schlafanzug an", sagt D. mit einem Lachen.

Feier im Saal der Gaststätte

Hunderte DDR-Bürger feierten auf einmal im Saal der Gaststätte. „Das war überwältigend. Wildfremde Menschen lagen sich in den Armen", sagt Sonja S.. Den Gästen wurde das Bier direkt aus den Kästen gereicht. „Es war so eng, ich habe die Kiste über meinen Kopf halten müssen. Die Flaschen wurden links und rechts rausgenommen, so schnell konnte ich gar nicht gucken", fügt ihr Bruder Thomas an. Zwischenzeitlich ging das Bier aus, der Getränkelieferant musste mit Nachschub anrücken. Die Familie ist sich einig: Die Stimmung, die Freude, das war einmalig. Der ganze Irrsinn einer innerdeutschen Grenze schien in diesem Moment vergessen. Die Gäste aus der DDR jedoch hielten ihr Versprechen und machten sich noch vor Mitternacht alle auf den Weg zurück. „Am Hof standen danach Dutzende leerer Bierkästen. Aber in keinem einzigen war eine Flasche. Die hatten die Thüringer als Andenken mitgenommen", sagt Werner S..

Am 22. Dezember war es offiziell soweit

Günter Z. berichtete zu Hause seinem Vater Josef von dem nächtlichen Ausflug. „Der konnte das gar nicht glauben." Als die Grenze am darauffolgenden Samstag, dem 2. Dezember 1989, ein weiteres Mal für ein paar Stunden geöffnet wurde, machte sich Josef Z. ebenfalls auf den Weg nach Theobaldshof – und brachte eine Licher-Flasche mit, die die Familie bis heute aufbewahrt. Bis die Grenze Theobaldshof-Andenhausen endgültig aufgemacht wurde, mussten die Rhöner noch ein wenig warten: Erst am 22. Dezember war es soweit. „Heute sind Andenhausen und Empfertshausen für uns so selbstverständliche Nachbarorte wie die Tanner Stadtteile Günthers und Schlitzenhausen. Man kennt sich, trifft sich, feiert gemeinsam", sagt Thomas S.. „Kaum zu glauben, dass das vor 30 Jahren noch eine komplett andere Welt war."

WANDERUNG 10

Ketten – Rößbergkreuz mit toller Aussicht – Kolonnenweg – südwestlichster Punkt der innerdeutschen Grenze – Reinhards – Gasthaus „Heile Schern" in Spahl – Ketten

Wir beginnen unsere Wanderung am Parkplatz vor dem Friedhof des Dorfes Ketten (A). Hinter dem Friedhof in Richtung Ortsausgang nehmen wir rechts einen asphaltierten Feldweg (1+2), der uns ca. 2 km teilweise bergan führt und folgen dem Wanderweg 3, Richtung Bildtanne. Der Anstieg kann bei sommerlichen Temperaturen etwas beschwerlich sein, weil wir hier einen Höhenunterschied von mehr als 150 m zu bewältigen haben.

Wir erreichen den Kolonnenweg bei der Bildtanne (3), dort besteht die Möglichkeit, ein kleines Picknick einzulegen und die dortigen Informationstafeln zu lesen. Das Gebiet ist gekennzeichnet durch schöne, artenreiche Weiden und Wiesen.

Tourdaten:
mittelschwer – 14,1 km (172 m Off-Grid) – 4,5 Stunden – 370 Höhenmeter

Maplibre | © Komoot | Map data © OpenStreetMap-Mitwirkende"

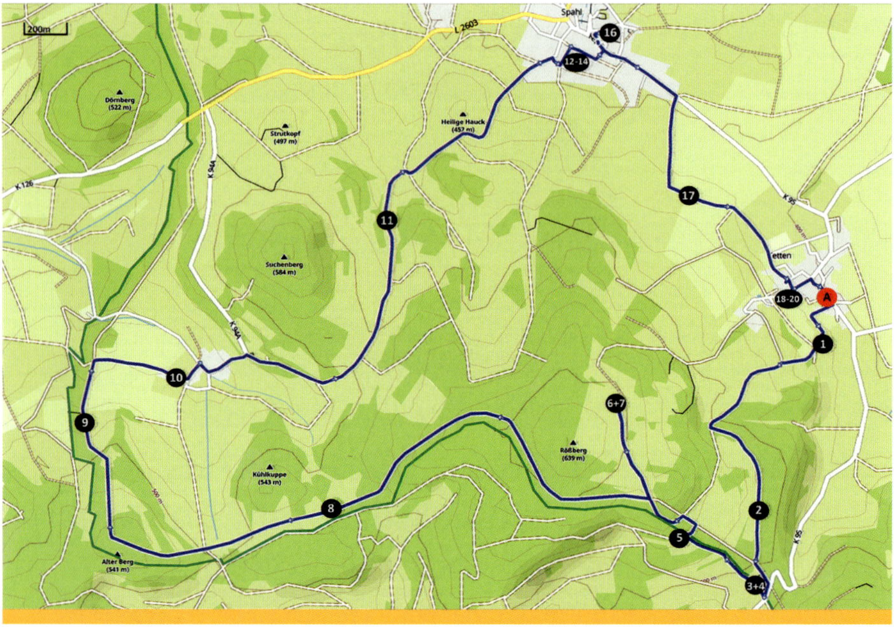

Anschließend gehen wir in nördlicher Richtung auf dem Wanderweg (4+5) den Schildern folgend zum Rößbergkreuz (6+7), das wir nach gut einem Kilometer erreichen. Wir haben jetzt einen Höhenunterschied von gut 200 m bewältigt und werden beim Rößbergkreuz auf 639 m Höhe mit einem Rastplatz und einer fantastischen Fernsicht in fast alle Richtungen über die Vorder- und Kuppenrhön belohnt. Besonders hervorzuheben sind in diesem Biotop die verschiedenen Orchideenarten, die sonnenreiche Magerrasenstandorte bevorzugen. Auch Ornithologen werden dort ihre Freude haben. Über den Wiesen und Weiden kann man häufig Rotmilane, Bussarde sowie Turmfalken kreisen sehen. Es ist der Gesang der hier noch zahlreich vertretenen Feldlerche zu hören und wer Glück hat, kann die seltenen Braunkehlchen beobachten. Einzelne Büsche und Buschgruppen in der Wiesenlandschaft dienen als Ansitzwarte für den Neuntöter und Raubwürger.

Wer nicht die ganze Wanderung gehen möchte, kann vom Rößbergkreuz in nördlicher und dann östlicher Richtung auf dem Wanderweg nach Ketten gehen (ca. 2 km). Oder alternativ nach Spahl (ca. 4,5 km).

Rößbergkreuz

Für die große Wanderung gehen wir ca. 500 m auf dem Weg zurück und biegen dann nach rechts auf den Kolonnenweg. Von den alten Grenzanlagen, die in den 70er Jahren schon in der modernsten Ausbaustufe mit Grenzsignalzaun und Splitterminen bestückt waren, ist nichts mehr zu erkennen. Die Natur hat sich die Landschaft vollständig zurückerobert.

Unser Wanderweg (8) führt jetzt durch bewaldetes Terrain. Auf der linken Seite neben dem Kolonnenweg, wo sich vormals die letzte Grenzsperre mit dem

Rößberg Aussicht

splitterminenbestückten Streckmetallzaun befand, wachsen heute jüngere Fichten und andere Bäume. Auf der Wanderung fällt ins Auge, dass sich infolge des Klimawandels das Waldsterben auch in der Rhön, insbesondere bei Fichten, stark bemerkbar macht. Häufig sieht man am Weg Fichtenbestände, die schon abgestorben oder schwer krank sind. Die abgestorbenen Fichten stehen als Baumgerippe oder braun verfärbte todkranke Bäume in der Landschaft. Der Borkenkäfer hat in den Fichtenbeständen ideale Lebensbedingungen gefunden und ganze Arbeit geleistet. Ein kleiner Trost in diesem Zusammenhang ist, dass Totholzbestände auch für seltene Insektenarten als Lebensgrundlage dienen können. Es bleibt zu hoffen, dass die Waldbestände künftig umgebaut werden und wieder die artenreichen Buchenmischwälder, welche für die Rhön prägend sind, an die Stelle von monotonen Fichtenbeständen treten.

Unsere Wanderung auf dem Kolonnenweg (9) ist durch ein ständiges bergab und bergauf gekennzeichnet. In diesem Abschnitt ist der Ausblick in die Ferne eingeschränkt. An der rechten Seite sind vereinzelt Reste alten Stacheldrahtes zu entdecken, die aus der alten Grenzbefestigung stammen.

Nach etwa 4 km auf dem Kolonnenweg öffnet sich die Landschaft, und wir biegen vom Kolonnenweg nach rechts in Richtung des kleinen Dorfes Reinhards ab. Wir gehen auf einem Feldweg, der von Wiesen und Weiden gesäumt wird, in das kleine, malerisch gelegene Dorf Reinhards (10). Am Dorfbrunnen biegen wir nach rechts ab. Das Dorf besteht nur aus 8 Häusern mit 25 Einwohnern. Das Grundstück der Familie Wassermann ist mit einem sehr schönen, mehr als 200 Jahre alten Drei-

seitenhof im Fachwerkstil bebaut. Der originalgetreu sanierte Dreiseitenhof bietet drei Ferienwohnungen für Ferien auf dem Bauernhof mit Kindern an.

Für den Weiler Reinhards mit damals etwa 60 Einwohnern hatte Anfang der 70er Jahre die SED, Bezirksleitung Suhl, die Zwangsräumung und anschließende Schleifung beschlossen. Das Dorf lag in etwa 600 m Entfernung zur Grenze, direkt am Schutzstreifen. Als erste Gerüchte von der geplanten Zwangsräumung aufkamen, haben sich die Einwohner des Dorfes gegen diese Willkürmaßnahme aktiv zur Wehr gesetzt. Der damalige Bürgermeister des Ortes und Vertreter der Einwohnerschaft haben unmissverständlich gegenüber dem Rat des Kreises und der SED-Kreisleitung zum Ausdruck gebracht, dass eine freiwillige Räumung des Dorfes nicht stattfinden würde, und die Einwohner nur unter Gewaltanwendung aus ihren Häusern zu vertreiben wären.

Darüber hinaus hatten die Einwohner des Dorfes den für sie zuständigen Bischof des damaligen Bischöflichen Amtes Erfurt-Meiningen über die geplante Zwangsräumung und Schleifung des Dorfes informiert. Dieser informierte hohe kirchliche Kreise über die geplante Willkürmaßnahme. Die SED-Bezirksleitung und der Rat des Bezirkes Suhl befürchteten heftigen Widerstand der Einwohner von Reinhards sowie die mediale Berichterstattung über Presse, Rundfunk und Fernsehen in der Bundesrepublik. Vor diesem Hintergrund nahm man Abstand von der geplanten Zwangsräumung und Schleifung der winzigen Ortschaft. Dafür wurde unmittelbar an der westlichen Ortsgrenze der Grenzsignalzaun sehr schnell errichtet. Ein anderes besonderes Vorkommnis in der Geschichte von Reinhards war 1972 das kurzzeitige willkürliche Festhalten des katholischen Bischofs aus Erfurt anlässlich der Altarweihe in der kleinen Kapelle des Ortes. Laut Auskunft eines Bewohners musste der Bischof, bevor er den Ort verlassen durfte, zur Überprüfung seiner Personalien und der Gültigkeit des Passierscheines auf die Kompanie in Spahl.

Zwei sehr schöne Dreiseitenhöfe in Reinhards, deren Eigentümer Ende der 60er Jahre geflohen waren, wurden Mitte der 70er Jahre als potenzielle Versteckmöglichkeiten für Flüchtlinge abgerissen. Damit wurde den Einwohnern unmissverständlich klar gemacht, was mit ihrem Eigentum geschieht, wenn es zur Republikflucht käme.

Wir haben das Dorf nun durchquert und gehen unterhalb des Friedhofes mit der Friedhofskapelle am Waldrand auf dem gekennzeichneten Wanderweg (11) in Richtung Spahl weiter. Im hügeligen Geländeprofil wechseln sich Wiesen, Weiden und Felder mit kleinen, eingestreuten Waldgebieten ab. Der Weg wird begrenzt auf der rechten Seite durch die Kühlkuppe (543 m über NN) und auf der linken Seite durch den Suchenberg (584 m über NN). Die Distanz bis Spahl beträgt ca. 4 km und führt am Heiligen Hauck (453 m über NN), der links vom Weg liegt, vorbei.

Auffällig in Spahl (12-14) ist, dass viele Häuser im Dorf nicht nur ein Hausnummernschild, sondern auch ein Schild mit einem Spitznamen tragen. Im Dorf ist der urige Gasthof „Heile Schern" (16) sehr zu empfehlen. Der Gasthof bietet einen Biergarten im Innenhof, ein Restaurant in der alten Scheune des Hofes und als besondere Attraktion ein Rhöner Spaßmuseum an. Dieses kann täglich in der Zeit von 7 bis 22 Uhr, auch unabhängig vom Gastronomiebetrieb, besucht werden. Das Restaurant bietet eine umfangreiche Speisekarte mit schmackhaften Gerichten aus der Rhön und frischen Forellen aus der eigenen Zucht an. Nach der Stärkung von Leib und Seele gehen wir weiter und am Ortsausgang in Richtung Ketten verlassen wir

Reinhards

die Straße und begeben uns parallel zur Straße auf einen Feldweg (17), der uns zurück nach Ketten (18-20) zum Parkplatz unseres PKW beim Friedhof führt.

Wir empfehlen den Besuch der hübschen Orte der Rockenstuhlgemeinden Ketten, Walkes, Reinhards, Apfelbach, Motzlar, Kranlucken und Schleid. Typisch für die reizvoll gelegenen Gemeinden sind neben Fachwerkhäusern auch deren schönen Kirchen und Kapellen.

Kolonnenweg

An dieser Stelle des Buches möchten wir auf die Folgen für die zurückgebliebenen Familien der Flüchtlinge eingehen.

Nach erfolgreicher oder auch gescheiterter Flucht wurden durch die Volkspolizei und das MfS umfangreiche Befragungen und Hausdurchsuchungen durchgeführt. Zudem wurden Dokumente und Unterlagen beschlagnahmt, die der Fluchtplanung gedient hatten oder Hinweise auf eventuelle Mitwisser gaben. Bei Fluchten Minderjähriger fälschte das MfS sogar Schreiben an die zuständigen Landratsämter der BRD, in denen die Eltern die sofortige Rückführung der Jugendlichen in die DDR forderten. Wenn sich im Laufe der Untersuchungen der Verdacht der Mitwisserschaft bestätigte, folgten Verhöre oder Verhaftungen der Angehörigen, meist der Väter oder der Freunde.

In Einzelfällen kam es zur Enteignung des Wohnhauses der Familie und zur Ausweisung aus dem Grenzgebiet. Die im Grenzgebiet zurückgebliebene Familie eines Flüchtlings wurde verstärkt durch IM überwacht. Einreiseanträge von Verwandten zu Familienfeiern in das Grenzgebiet wurden durch das zuständige Volkspolizeikreisamt kategorisch verweigert. Die Familien waren gezwungen, diese Feiern außerhalb des Grenzgebietes durchzuführen. Dass der Brief- und Telefonkontakt in die BRD überwacht wurde, versteht sich von selbst. Zudem wurden die Familienangehörigen häufig beruflich und wirtschaftlich benachteiligt. Die Geschwister konnten ihre gewünschten Berufe nicht erlernen, der Zugang zum Abitur oder zum Studium wurde ihnen trotz guter schulischer Leistungen erschwert oder verwehrt. Mit diesen Repressalien wollte die Staatsmacht der DDR zeigen, dass eine erfolgreiche Flucht in die BRD immer mit spürbaren Nachteilen für die verbliebene Familie verbunden war und dadurch eine abschreckende Wirkung auf Fluchtwillige erzeugen.

Die Flucht und Rückkehr des Regimentskommandeurs

Von dieser besonderen Fluchtgeschichte hat der aufmerksame Leser und Wanderer bereits auf der Friedenswegtafel Nr. 39 bei Birx gelesen. Die Flucht wird hier im Buch beschrieben, weil sie sich in diesem Grenzabschnitt zugetragen hat. Diese Geschichte wurde medial in Ost und West groß dargestellt.

Am 2.6.1981, gegen 13.15 Uhr, wurde der Regiments-Kommandeur des Grenzregiments Dermbach, Oberstleutnant Klaus Rauschenbach, 39 Jahre alt, fahnenflüchtig. Er durchbrach die Grenze im Abschnitt II, Geisa, in der Nähe der Ortschaft Ketten. Er befahl seinem Fahrer einen Stopp unterhalb des Seelesberges in einer Senke, die von den Grenzposten nicht einsehbar war und sagte, dass er auf dem vorgelagerten Abschnitt einen umgefallenen Grenzstein zu sehen meinte. Der Gefreite steuerte befehlsgemäß den P3 direkt parallel an den Streckmetallzaun. Rauschenbach überstieg vom Dach des Fahrzeuges den über 3 m hohen Streckmetallzaun, der 1981 nicht mit Splitterminen bestückt war. Sofort begab er sich auf schnellstem Weg über das Vorgelagerte, um das Territorium der Bundesrepublik zu erreichen. Seinem Fahrer hatte er zuvor befohlen, zur nächsten GMN-Sprechstelle zu gehen und zu melden, dass ein Grenzstein umgefallen sei. Rauschenbach wählte bewusst diese Stelle, ungefähr 100 m südwestlich der ehemaligen Grenzsäule 1771, weil diese Stelle durch Grenzposten nicht einsehbar war. Darüber hinaus wusste er, dass sich hier die operative Grenzschleuse „Berg" befand, welche von Agenten des MfS zum unerkannten Verlassen und Betreten der DDR genutzt wurde.

Sofort nach Erreichen bundesdeutschen Gebietes lief er in die nächstgelegene Ortschaft Habel. Landwirte aus Habel meldeten die Flucht dem Grenzzolldienst, der ihn nach Tann brachten und ihm dort die Dienstpistole sowie alle Unterlagen abnahm. Er wurde verhört und unter Dauerbewachung gestellt. Beim Zoll, wie auch später beim Bundesgrenzschutz, wurde besonderes Interesse am Schießbefehl spürbar. Noch in den Nachmittagsstunden wurde Rauschenbach vom BGS übernommen. Aus einem Hubschrauber, in dem sich auch ein BGS-Brigadegeneral befand, musste Rauschenbach die Stelle seines Grenzübertritts zeigen.

An diesem Abend wollte er vermutlich Selbstmord begehen, doch selbst bei der Benutzung der Toilette und der Dusche war er unter Aufsicht. Weil er keine Dokumente mitgebracht hatte, bezweifelten die Vernehmer die Wahrheit seiner Aussagen. Da musste doch noch mehr dahinter sein! Vielleicht eine Geheimbotschaft? Man versuchte, den Oberstleutnant mit der Drohung unter Druck zu setzen, dass er nach Gießen ins Notaufnahmelager käme, und er eine harte Zeit durchmachen würde, wobei noch Befragungen durch amerikanische Dienststellen und die Bundeswehr in Aussicht gestellt wurden.

Neu eingekleidet wurde Rauschenbach gegen Mitternacht von zwei BND-Mitarbeitern übernommen und zu seiner Sicherheit nach München überführt, um ihn dem Zugriffsbereich der DDR zu entziehen. Die Fahrt mit PKW nach München erfolgte mit Geschwindigkeiten bis 180 km/h in Begleitung von drei Sicherungsfahrzeugen, die untereinander in Sprechfunkverbindung standen. Nach einer der Desorientierung dienenden Fahrt durch eine Reihe von Haupt- und Nebenstraßen in München, wurde er in einer konspirativen Wohnung untergebracht. Er konnte sich in einem Kaufhaus weitere Kleidung beschaffen und sollte sich einen Bart wachsen lassen.

Am Spätabend wurde Rauschenbach mitgeteilt, dass ein DDR-Regierungsvertreter, seine Ehefrau und der Ostberliner Rechtsanwalt Wolfgang Vogel mit ihm sprechen wollten. Der BND versuchte, Rauschenbach wiederholt zu bewegen, nicht darauf einzugehen. Er habe mindestens 15 bis 20 Jahre Gefängnis zu erwarten. Doch Rauschenbach bestand auf einem Treffen mit dem DDR-Vertreter und seiner Ehefrau. Schließlich wurde er am 4.6.81, gegen 15.00 Uhr, zum Polizeipräsidium in München gebracht. Dort erhielt er zunächst Gelegenheit, allein mit seiner Ehefrau zu sprechen, gegenüber der er sofort seine Rückkehrabsichten in die DDR erklärte. Danach traf er einen Vertreter der BRD-Regierung und den amtierenden Leiter der ständigen Vertretung der DDR in der BRD, sowie zwei Rechtsanwälte. Diesen bestätigte er seinen Willen, in die DDR zurückzugehen. Im Anschluss daran erfolgte ohne Zwischenfälle die Rückführung Rauschenbachs über die GÜSt Hirschberg in die DDR.

Fachärztlich wurde in der DDR festgestellt, dass seine Flucht durch eine traumatische Erlebnisreaktion auf der Basis einer chronischen Überforderungssituation ausgelöst wurde und die psychische Verfassung als krankwertig und behandlungsbedürftig einzuschätzen sei.

Nach seiner Rückkehr in die DDR plante und überwachte das MfS vollständig das Leben von Rauschenbach bis zur Wende. Er hat später in seiner Heimatstadt Leipzig eine Stelle bei der Plankommission des Rates des Bezirkes erhalten. Im zivilen Leben ist er nach der Rückkehr in die DDR nur schwer zurechtgekommen. Beim Rat des Bezirkes Leipzig häuften sich die Beschwerden über seine Arbeit. 1985 kündigte Rauschenbach beim Rat des Bezirkes Leipzig und erhielt eine Tätigkeit beim VEB Vereinigte Wettspielbetriebe in Leipzig. Auch in dieser neuen beruflichen Aufgabe gab es für ihn Probleme, die auch mit seiner mangelhaften beruflichen Qualifikation im zivilen Leben erklärt werden können. Schlussendlich kündigte er Anfang 1989 diese Beschäftigung, ohne eine neue Arbeitsaufgabe in Aussicht zu haben.

(Zusammengetragen und erstellt aus diversen Unterlagen der BStU, MfS sowie auf der Grundlage des Artikels der Bundeszentrale für politische Bildung von Michael Schneider vom 6.7.2011).

Auch eine weitere Fluchtgeschichte aus der Region um Motzlar ist interessant:

Flucht von drei jungen Frauen

Am 18.8.1964 ereignete sich gegen 17 Uhr ein Grenzdurchbruch im Abschnitt der 7. Grenzkompanie Spahl (vormals Motzlar). Die 18jährige Ingrid B. aus Apfelbach, beschäftigt als Köchin in einem Priesterseminar in Erfurt, und die 17jährigen Schülerinnen Maria S. und Gisela T. aus Motzlar überwanden die Grenze.

Die drei Freundinnen lehnten die SED-Politik aufgrund ihres Glaubens und ihrer Erziehung ab. In der Region erhielten sie nicht die Möglichkeit, ihren Berufswunsch zu verwirklichen. Sie wollten eine Berufsausbildung als Krankenschwester beginnen und angeboten wurde ihnen nur eine Ausbildung in der Landwirtschaft. Deshalb planten sie seit längerem ihre Flucht.

Sie stammten aus dem Grenzgebiet und kannten demzufolge auch recht gut das Grenzregime vor Ort. Begünstigend war, dass der Vater von Maria S., als Landwirt, seine Kühe unmittelbar auf Weiden an der Grenze stehen hatte. Sie hatte einen Passierschein für den Schutzstreifen, um die Kühe des Vaters auf der Weide zu versorgen.

Die jungen Frauen trafen sich vor ihrer Flucht, gegen 15 Uhr, zwischen den Orten Schleid und Motzlar. Im Anschluss daran begab sich Maria wieder zur Weide im Schutzstreifen, wo sie vorher von einem Grenzposten kontrolliert wurde. Kurze Zeit danach ist es ihren beiden Freundinnen gelungen, unbemerkt in den Schutzstreifen zu gelangen. Die Mädchen überwanden unverletzt die Minensperre und gelangten in die Bundesrepublik.

Ihnen waren die Postenpunkte der Grenzsoldaten bekannt und sie wussten, welche Beobachtungsmöglichkeiten die Grenzposten besaßen. Sie hatten ausgespäht, dass ein kleiner Bachlauf oder Wassergraben, der die Weiden durchfloss, unter der Minensperre verrohrt in die Bundesrepublik führte. Die jungen Frauen hatten auch erkundet, dass der Rohrdurchmesser zum Durchkriechen geeignet war und der Wasserstand im Rohr im Sommer sehr niedrig war. Es bestand für sie keine Gefahr des Ertrinkens beim Durchkriechen des Rohres unter der Minensperre. Darüber hinaus war der Zugang zum Rohr auf DDR-Gebiet nicht vergittert.

Nach Auswertung der Flucht der drei jungen Frauen durch das MfS und die Grenztruppen wurden alle Rohre, welche die Minensperre unterführten, vergittert.

Die drei jungen Frauen konnten in der Bundesrepublik ihre Berufsausbildung zur Krankenschwester aufnehmen und erfolgreich abschließen.

Ein weiteres Thema, das in unserem Buch angesprochen werden soll, ist die Integration der Menschen, vor allem der jungen Flüchtlinge. Diese Integration in ein neues Leben im Westen gelang nicht immer problemlos. Es gab auch öfters Fälle, in denen sich Jugendliche (älter als 16 Jahre) nach dem zentralen Aufnahmelager in Gießen allein gelassen fühlten und nur geringe Unterstützung seitens der Behörden und öffentlichen Einrichtungen bekamen, um sich den für sie vollkommen neuen Lebensumständen in der Bundesrepublik anzupassen. Insbesondere in den 50er und 60er Jahren kehrte eine größere Zahl von Flüchtlingen mehr oder weniger freiwillig zu ihren Familien in die DDR zurück. Hauptbeweggründe für die Rückkehr waren Probleme bei der Ausbildung, bei der Arbeitsplatz- und Wohnungssuche. Eine positive Ausnahme in dem Integrationsprozess spielte dabei das katholische Kolpinghaus in Fulda, das eine Aufnahmestelle für geflohene Jugendliche aus der DDR war. Viele von ihnen kamen nach dem Erstaufnahmelager in Gießen nach Fulda, weil sie im Kolpinghaus sehr gut betreut wurden. Das Heim bot nicht nur eine zeitgemäße gute Unterbringung und Versorgung, sondern die Heimleitung und erfahrene Sozialarbeiter kümmerten sich um alle Angelegenheiten der jungen Menschen in der neuen Umgebung. Es wurden Behördengänge, Vormundschaftsfragen, Abwehr von MfS-inszenierten und gefälschten Rückholaktionen in die DDR sowie die berufliche Ausbildung für die Flüchtlinge organisiert. Ohne diese sehr gute Betreuung und Unterstützung wäre der Übergang in ein neues Leben in der Bundesrepublik vielen Flüchtlingen nicht so gut gelungen. So hörten wir es von allen Flüchtlingen, mit denen wir zur Vorbereitung dieses Buches gesprochen haben.

WANDERUNG 11

„Haus auf der Grenze" - Skulpturenweg - Wiesenfeld - Geisa - Point Alpha

Wir beginnen unsere letzte Wanderung auf dem Parkplatz des Hauses auf der Grenze (A). Die Gedenkstätte sollte vor Beginn oder nach Abschluss der Wanderung besichtigt werden. Die Ausstellung zeigt sehr eindrucksvoll anhand vielfältiger Originaldokumente, Fotos, Ausstellungsobjekte und Zeitzeugenberichten, wie der Ausbau des Grenzsystems der DDR im Geisaer Land erfolgte und welchen Einschränkungen und Repressalien die Einwohner des Grenzgebietes über 40 Jahre ausgesetzt waren.

Zuerst gehen wir vom Parkplatz (1) auf dem „Weg der Hoffnung" (2), der vom Künstler U. Barnickel in den Jahren 2009/10 neben dem ehemaligen Kolonnenweg gestaltet wurde. Die 14 Skulpturen auf einer Länge von 1.400 m erinnern an den Eisernen Vorhang. In diesem Grenzabschnitt (3) sind 1964 Alexander K. und Markus

Tourdaten:

mittelschwer - 11 km (580 m Off-Grid) - 3,5 Stunden - 190 Höhenmeter

Maplibre | © Komoot | Map data © OpenStreetMap-Mitwirkende"

B. geflüchtet. Auf deren Flucht wird am Ende der Wanderung eingegangen. Im Abschnitt der Grenzkompanie Geisa sind insgesamt 13 Jugendliche trotz ausgebauten Minenfelds und verstärkter Grenzsicherung in den Jahren 1964 bis 1966 erfolgreich geflohen. Darunter ist ein Jugendlicher, dem die Flucht insgesamt dreimal gelungen ist. Er stellte sich nach dem dritten Grenzdurchbruch freiwillig in der Grenzkompanie Geisa. Für Republikflucht in besonders schwerem Fall wurde er zu 4 Jahren und 8 Monaten Haft in Untermaßfeld verurteilt.

Nach 2 km und schönen Ausblicken auf die umgebenden Berge und die Landschaft der Kuppenrhön biegen wir nach links vom Weg ab und gehen bergab in Richtung des Ortes Wiesenfeld.

Linkerhand können wir in einiger Entfernung die ehemalige Führungsstelle der Grenzkompanie Geisa, den „Wiesenfelder Turm", erkennen. Auf dieser Führungsstelle, die 1974/75 erbaut wurde, erfolgte bis 1990 die Führung des 15 km langen Grenzabschnittes der Kompanie. Ein Offizier oder Berufssoldat befehligte von hier aus die Grenzsicherung. Es ist der baugleiche Typ Führungsstelle, wie wir ihn schon auf unserer Wanderung auf dem Dachsberg bei Hermannsfeld sowie auf dem Hor-

„Weg der Hoffnung" vom Künstler U. Barnickel

bel bei Andenhausen gesehen haben. Neben dem diensthabenden Kommandeur der Grenzsicherung befanden sich ein Beobachtungs- bzw. Sicherungsposten auf der FüSt sowie die vierköpfige Alarmgruppe. Die ehemalige FüSt wurde umfassend saniert und kann im Rahmen einer Führung über die Point Alpha Stiftung besichtigt werden. Dort finden wir noch den originalgetreuen Kommandostand mit allen

Blick auf die Vorderrhön bei Wiesenfeld

technischen Einrichtungen für die Grenzsicherung vor. Ohne Anmeldung ist eine Außenbesichtigung jederzeit möglich. Die FüSt ist auf mehreren Zugangswegen vom Wanderweg aus problemlos erreichbar.

Nach einer zurückgelegten Strecke von etwa 3,5 km erreichen wir den Ort Wiesenfeld (4). Am Ortseingang passieren wir die Gedenkstätte für den 1962 unter ungeklärten Umständen erschossenen Hauptmann der Grenzkompanie Geisa, Rudi Arnstadt. In Wiesenfeld kann man die 1881 erbaute katholische Kirche besichtigen. Eine Einkehrmöglichkeit gibt es in dem Dorf leider nicht.

Nach Durchquerung des Dorfes gehen wir am östlichen Ortsende über die Geismarer Straße weiter auf dem ausgeschilderten Wanderweg in Richtung der Ulster, welche in Richtung Geisa fließt. Wir durchwandern eine schöne, typische Wiesenlandschaft. Der aufmerksame Naturbeobachter kann auf den angrenzenden Wiesen und Weiden noch eine Vielzahl verschiedener Schmetterlinge beobachten. Wir

konnten unter anderem den Schachbrettfalter sowie einen Schwalbenschwanzfalter sehen.

Nach zwei weiteren Wanderkilometern auf dem „Röderweg" im Tal der Ulster erreichen wir die Stadtgrenze (5+6) von Geisa. Vom Röderweg kommend, gehen wir weiter Richtung Stadtzentrum.

Die als Denkmalensemble ausgewiesene Altstadt (7-14) verfügt über eine gut erhaltene historische Bausubstanz mit der Stadtkirche St. Philippus und Jakobus (10) sowie dem Schlossbezirk (9) mit ehemaligem Amtsgericht, Rathaus und Schloss als altem administrativen Zentrum der Stadt. Das historische Stadtzentrum wird von einer imposanten, restaurierten alten Stadtmauer begrenzt. Das Gebiet um das „Geisaer Land" war von 817 bis 1803 im Besitz der Abtei Fulda, weshalb Geisa mit seinen 10 Ortsteilen neben dem Eichsfeld heute eine der beiden katholischen Enklaven im ansonsten evangelischen Thüringen darstellt. Die konsequen-

FüSt Geisa

te Bindung der Einwohner an den katholischen Glauben war der SED Kreis- und Bezirksleitung ein Dorn im Auge. Aus dieser Sonderstellung der Region lässt sich auch ableiten, dass es hier im Gegensatz zu anderen Grenzorten immer eine deutlich ablehnendere Haltung der Einwohner zur DDR-Grenze und deren Grenzsicherung zu verzeichnen war. Dieses Problem versuchte die SED-Bezirksleitung durch verschiedenste Maßnahmen zu kompensieren. So wurden Ärzte, Lehrer, Volkspolizisten, Berufssoldaten und Offiziere der Grenztruppen aus anderen Gegenden der DDR in Geisa gezielt angesiedelt, um die starke katholische Verwurzelung der ortsansässigen Bevölkerung zu durchbrechen. Ein neues Wohngebiet am Rand der Stadt, ein Kulturhaus sowie eine Schule wurden gebaut. Darüber hinaus wurden in Betrieben im näheren Umfeld der Stadt neue Arbeitsplätze geschaffen. Es bleibt zu konstatieren, dass trotz all dieser Bemühungen der erwünschte Erfolg ausblieb. Insbesondere von Jugendlichen aus Geisa und den umliegenden Dörfern gab es seit 1961 bis zum Beginn der 70er Jahre vergleichsweise häufig erfolgreiche Republikfluchten.

Nachdem wir die schöne Altstadt Geisa besichtigt haben, setzen wir unsere Wanderung in Richtung Point Alpha fort. Wir durchlaufen ein Neubaugebiet (15-17) linkerhand der Rasdorfer Straße. Hinter dem Ortsausgang von Geisa überqueren wir die Rasdorfer Straße und folgen oberhalb den Wanderschildern. Nach ca. 1,5 km bergan durch Wiesenlandschaft und Wald erreichen wir Point Alpha.

Der ehemalige Beobachtungsposten der US Army und die dort rekonstruierte Mustergrenze mit BT 11 (Beobachtungsturm mit 11m Höhe) ist zum Schluss unserer Grenzwanderungen ein Highlight. Hier standen sich NATO und Warschauer Vertrag auf kürzester Distanz gegenüber. Jeder observierte die Aktivitäten des anderen argwöhnisch. Die Besichtigung wird empfohlen, um sich einen persönlichen Eindruck von der Konfrontation im Kalten Krieg zu machen. Im US Camp (18-21) kann man die Mannschaftsunterkünfte, die Bewaffnung und die Einsatzpläne der Soldaten der US Army besichtigen. Von der Aussichtsplattform hat man einen direkten Blick auf den Streckmetallgrenzzaun, den Kolonnenweg und den gegenüberliegenden BT 11 der Grenztruppen der Grenzkompanie Geisa.

Flucht von zwei Schulkameraden aus Geisa

Am 19.4.1966 ereignete sich ein Grenzdurchbruch von zwei Jugendlichen im Bereich des Grenzabschnittes Geisa. Den damals 16jährigen Schulfreunden Markus B. und Alexander K. aus Geisa gelang es, ca. 1000 m westlich des Ortes Wiesenfeld die Minensperre unverletzt zu überwinden (Punkt 3 in der Wanderroute). Beide waren abenteuerlustige Jugendliche, die den Westen Deutschlands nicht nur aus dem Westfernsehen kennenlernen wollten. Darüber hinaus waren sie auch mit dem politischen System und der Bevormundung in der DDR nicht einverstanden. Alexander K. hatte auf eigenen Entschluss nicht an der Jugendweihe teilgenommen, was ihm in der Schule und bei der Wahl der künftigen Berufsausbildung deutliche Nachteile einbringen würde.

Den Entschluss zu fliehen, hatten sie bereits fast ein Jahr vor ihrer Flucht gefasst. In der Schule hatten sich insgesamt 12 Jungen entschlossen, aus der DDR zu fliehen. Sie trafen sich sporadisch, um Fluchtmöglichkeiten auszuloten. Erstaunlicherweise war unter ihnen kein Verräter. Mit der Zeit sprangen aus der Gruppe immer mehr

Geisa mit Stadtkirche und Schloss

Jungen ab, denen eine Flucht über die Grenze zu gefährlich erschien. Letztendlich blieb es bei fünf Jugendlichen, die fest entschlossen waren, aus der DDR zu fliehen.

Am 15.4.1966 flohen zuerst die 16jährigen Schüler Alfred P., Gerhard R. und Wolfgang J. erfolgreich über die Grenze. Diese Flucht führte anschließend zu Problemen bei Markus, denn er hatte Wolfgang zwei Wochen vor der Flucht ein Fernglas geliehen und wurde beim Verhör vom MfS gegen einen Heizkörper gestoßen und dabei verletzt.

Jetzt kamen Markus und Alexander unter Druck, wenn sie ihre Fluchtpläne noch verwirklichen wollten. Sie hatten festgestellt, dass nach der Flucht der drei Mitschüler die Grenztruppen ihre Personalstärke an der Grenze erhöht hatten und zusätzliche Grenzstreifen stattfanden. Die beiden Jungen hatten über längere Zeit die Ablösezeiten und Ablösepunkte der Grenzsoldaten ausgespäht.

Von Geisa fuhren sie nach Wiesenfeld mit den Fahrrädern, die sie dort bei einer Feldscheune versteckten. Weiter ging es zu Fuß zu einer Stallanlage am Ortsrand. Von seinem Vater, der Tierarzt war, wusste Markus, dass die Stallanlage der Landwirtschaftlichen Produktionsgenossenschaft (LPG) am späten Nachmittag nicht mit Personal besetzt war. Dort spähten sie eine Stunde lang die Grenzsperranlagen und die Ablösung der Grenzer aus. Während die abgelöste Grenzstreife mit Diensthund zu Fuß in Richtung Kompanie zurückging, und das neue Postenpaar mit dem LKW noch nicht eingetroffen war, nutzten sie die Chance und robbten langsam in Richtung Grenzzaun. Sie erreichten diesen, ohne einen Alarm auszulösen und durchschnitten mit den mitgebrachten Drahtzangen den ersten Stacheldrahtzaun der Minensperre. Sie durchliefen unverletzt die Minensperre und durchschnitten den zweiten Stacheldraht.

Jetzt waren sie sich aber noch nicht sicher, ob sie bereits das Territorium der Bundesrepublik erreicht hatten. Erst als sie eine neue Teerstraße fanden, wussten sie, dass sie in Hessen waren. Im Anschluss liefen sie nach Rasdorf und meldeten sich gegen 21 Uhr in einer Kfz-Werkstatt, in der noch gearbeitet wurde. Dort wurden sie sehr erstaunt begrüßt, freundlich aufgenommen sowie gut beköstigt. Einer der Männer in der Werkstatt stellte sich als entfernter Verwandter von Alexander heraus und nahm die beiden Jungen am Abend mit zu sich nach Hause. Dort schliefen sie sich nach den Fluchtstrapazen aus und erhielten ein gutes Frühstück. Im Anschluss brachte sie der Verwandte von Alexander zum Zoll. Beim Zoll wurden sie ausführlich befragt und erhielten Geld und Fahrkarten, um zum Erstaufnahmelager nach Gießen zu fahren.

In Gießen trennten sich nach drei Wochen die Wege der beiden Freunde. Markus ging zu einem Onkel ins Saarland und Alexander nach Fulda zu einer Tante. Dort blieb er aber nur kurz und zog in das Jugendhaus der katholischen Kolpingstiftung in Fulda, wo fast nur ostdeutsche jugendliche Flüchtlinge untergebracht waren. Er erlernte den Beruf des Kfz-Mechanikers und blieb in Fulda wohnen. Markus blieb im Saarland und wurde Installateur.

Operation Point Alpha vor der Wende

Schlusswort und Dank

Ursprünglich hatten wir geplant, am Ende des Buches auf die vielen Opfer an der innerdeutschen Grenze einzugehen.
Da dieses Buch den politisch-historischen Aspekt bedienen möchte, aber auch ein Wanderbuch sein soll, das zu erholsamen und gut gelaunten Unternehmungen in schöner Natur anregt, haben wir darauf verzichtet.
Wer sich für die vielen Opfer dieses unmenschlichen Grenzsystems interessiert, findet Informationen dazu im Literaturverzeichnis und in den Medien.
Zudem haben wir auch nicht gelungene Fluchten bei unseren Wanderungen beschrieben, um nicht den Eindruck entstehen zu lassen, die innerdeutsche Grenze sei eine Art Abenteuerspielplatz gewesen.
Also wieder eine Gratwanderung.

Wir danken den nachfolgenden Personen, die uns bei der Arbeit an diesem Buch tatkräftig unterstützt haben:
Jan Ludwig Antoni, Geisa, Wissenschaftlicher Mitarbeiter der Point Alpha Stiftung, für das Grußwort und inhaltliche Hinweise,
Herbert Böckel, Gießen, für Fotos und Auskünfte,
Christoph Friedrich, Bürgermeister der Gemeinde Rhönblick,
Michael Hacker, Bonn, für sprachliche Korrekturen,
Gerhard Müller, Birx, für Auskünfte und Fotos,
Volker Pitdorf, Hermannsfeld, für Informationen und praktische Unterstützung,
Familie Dr. Rauch, Birx, für Auskünfte aller Art sowie ihre Gastfreundschaft,
Regina Reich, Oberweid, für Auskünfte und Fotos,
Katja Remde, Andenhausen, für Auskünfte und Fotos,
Gunter Rößner, Frankenheim, für Auskünfte,
Uli H. Weidlich, Heidenheim, für die Unterstützung bei der Erstellung der Karten.

Alle auf eigenen Wunsch namentlich nicht genannten, ehemaligen Flüchtlinge, Angehörige der Grenztruppen und Bewohner des ehemaligen Grenzgebietes, die uns bereitwillig Auskunft zu allen uns interessierenden Fragen im Zusammenhang mit der ehemaligen innerdeutschen Grenze und Grenzereignissen in der Rhön gaben.

Abkürzungsverzeichnis

AGT	Angehöriger der Grenztruppen der DDR
AK 47	Maschinenpistole vom Typ Kalaschnikow
BGP	Bayerische Grenzpolizei
BStU	Bundesbeauftragter für die Unterlagen des Staatssicherheitsdienstes der DDR
BT 11	Beobachtungsturm der Grenztruppen mit 11m Höhe
BU	Berufsunteroffizier
DGP	Deutsche Grenzpolizei
EK	Entlassungskandidat, Grenzsoldat im dritten (letzten) Diensthalbjahr
FHG	Freiwilliger Helfer der Grenztruppen
FüSt	Führungsstelle einer Grenzkompanie im Grenzabschnitt
GAK	Grenzaufklärer der Grenztruppen
GMN	Grenzmeldenetz
GSSD	Gruppe der Sowjetischen Streitkräfte in Deutschland
GSZ	Grenzsignalzaun
GT	Grenztruppen
Gummiohr	abwertend für informelle Mitarbeiter des MfS unter den Grenzsoldaten
GüSt	Grenzübergangsstelle zur Bundesrepublik Deutschland
IM	Informeller Mitarbeiter des Ministerium für Staatssicherheit der DDR
KC	Kompaniechef
K6	Kontrollstreifen, 6m breit
LO	kleiner LKW vom Typ Robur aus Zittau
MfS	Ministerium für Staatssicherheit der DDR
MPi	Maschinenpistole
MTS	Maschinen-Traktoren-Station
PKE	Personenkontrolleinheit des MfS
P3	Geländewagen der Grenztruppen
RdH	Raum der Hauptanstrengung
SM-70	Splittermine am Grenzzaun der DDR
UaZ	Unteroffizier auf Zeit
Vorgelagertes	DDR-Territorium hinter dem letzten Grenzzaun
V2.000	Verwaltung 2.000, Tarnbezeichnung des MfS in den Grenztruppen und der NVA
Vopo	Angehöriger der Volkspolizei der DDR

Literaturverzeichnis

Schätzlein, Gerhard; Albert, Reinhold: *Grenzerfahrungen Bezirk Suhl – Bayern/Hessen 1972 bis 1988, Hildburghausen, 2002*

Bürger für sanften Tourismus in Hermannsfeld e.V. (Hrsg.): *Wanderbegleiter Friedensweg, Entlang der thüringisch-bayerischen Grenze von Henneberg bis Birx, Hermannsfeld, 2001*

Schätzlein, Gerhard: *Flucht aus der DDR von 1950 bis 1989, Mellrichstadt, 2015*

Schroeder, Klaus; Staadt, Jürgen (Hrsg.): *Die Todesopfer des DDR-Grenzregimes an der innerdeutschen Grenze 1949-1989, Bundeszentrale für politische Bildung, Bonn, 2017*

„Ich war Grenzaufklärer", in: Hildebrandt, Rainer und Schumm, Horst, Arbeitsgemeinschaft 13. August, Berlin, 1982

Minensperre bei Point Alpha

Fotoverzeichnis

Alle Aufnahmen stammen von den Autoren. Außer:
S. 11: Sina Ettmer – stock.adobe.com
S. 12: Point Alpha (Autorenfoto)
S. 15, 18 und 33: Herbert Böckel
S. 14 und 143: Waldemar Fehr
S. 30 und 38: Gerhard Müller
S. 172 und 186: Norbert Krumbein

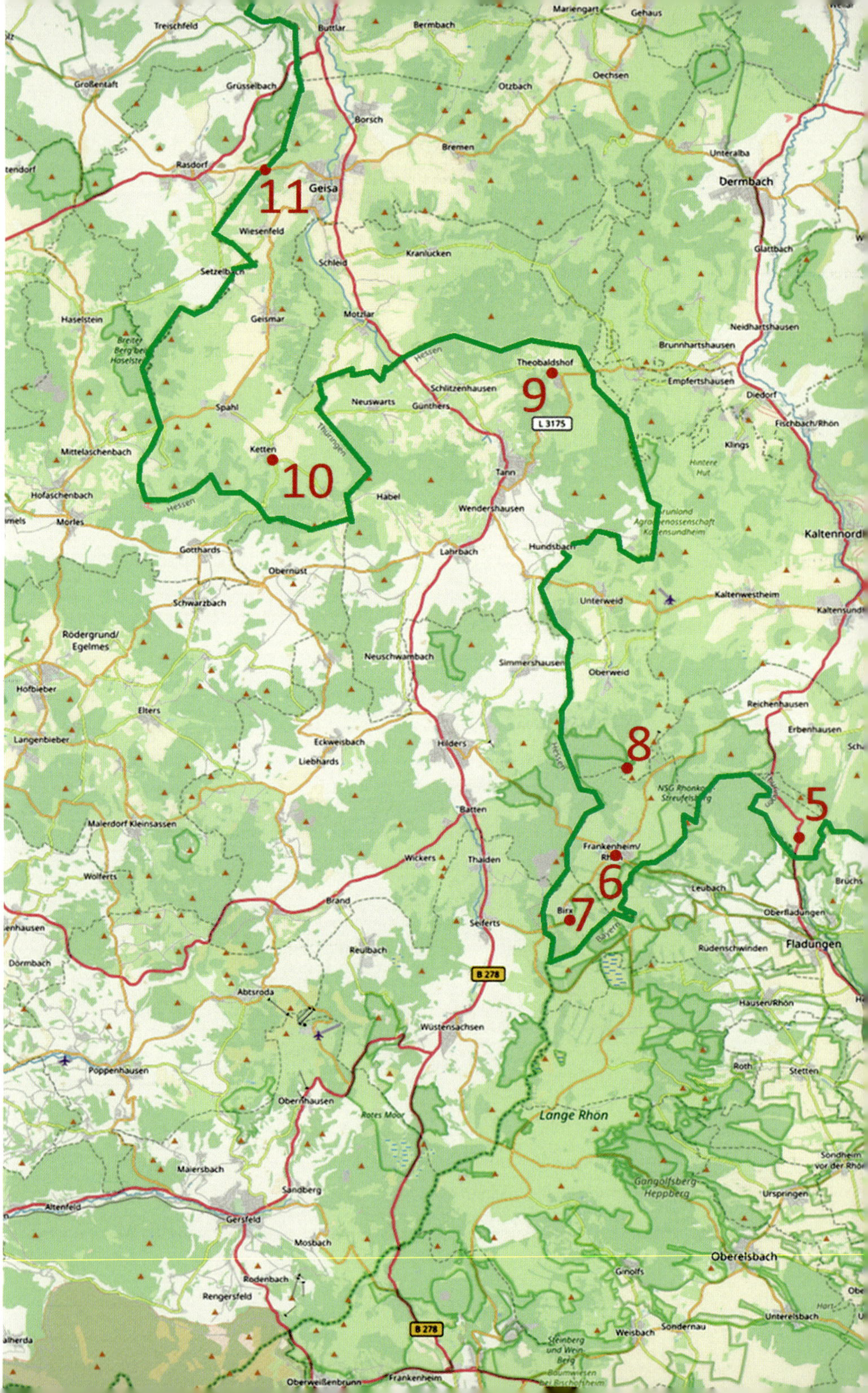

Treischfeld
Buttlar
Bermbach
Mariengart
Gehaus
Großentaft
Grüsselbach
Oechsen
Otzbach
Borsch
Bremen
Unteralba
Rasdorf
11
Geisa
Dermbach
Wiesenfeld
Kranlucken
Glattbach
Setzelbach
Schleid
Haselstein
Geismar
Motzlar
Neidhartshausen
Brunnhartshausen
Hessen
Theobaldshof
9
Schlitzenhausen
Empfertshausen
Diedorf
Neuswarts
Günthers
L 3175
Fischbach/Rhön
Spahl
Klings
Thüringen
Hintere Hut
Mittelaschenbach
Ketten
10
Tann
Habel
Hofaschenbach
Wendershausen
Morles
Hessen
Kaltennordheim
Hundsbach
Gotthards
Lahrbach
Obernüst
Kaltenwestheim
Schwarzbach
Unterweid
Rödergrund/
Egelmes
Neuschwambach
Simmershausen
Oberweid
Hofbieber
Elters
Reichenhausen
Erbenhausen
Langenbieber
Eckweisbach
Hilders
8
Liebhards
NSG Rhönkopf Streufelsberg
5
Batten
Malerdorf Kleinsassen
Frankenheim/
Rhön
Wolferts
Wickers
Thaiden
6
Bruchs
Leubach
Brand
Oberfladungen
Birx
7
Seiferts
Bayern
Rüdenschwinden
Fladungen
Dörmbach
Reulbach
B 278
Abtsroda
Hausen/Rhön
Wüstensachsen
Poppenhausen
Roth
Stetten
Obernhausen
Rotes Moor
Lange Rhön
Sondheim vor der Rhön
Maiersbach
Gangolfsberg
Heppberg
Sandberg
Urspringen
Altenfeld
Gersfeld
Mosbach
Oberelsbach
Rodenbach
Ginolfs
Rengersfeld
B 278
Unterelsbach
Weisbach
Sondernau
Steinberg und Wein Berg
Baumwiesen bei Bischofsheim
Oberweißenbrunn
Frankenheim

Grenzland Rhön – Übersichtskarte der Wanderungen

1-11 = Nummer der Wanderung

● = Anfang und Endpunkt der jeweiligen Wanderung

〜 = ehemaliger Grenzverlauf

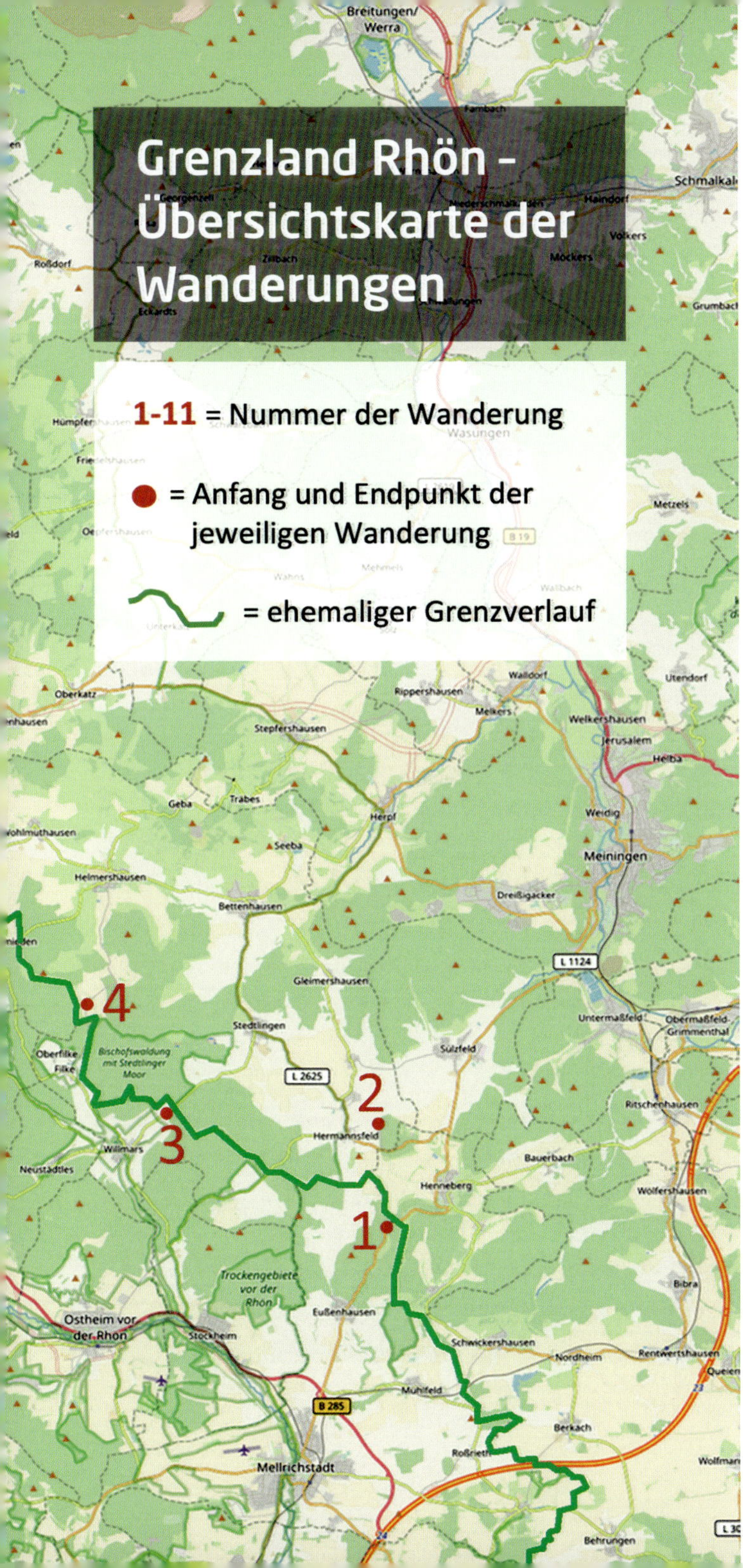

Noahs Segel auf dem Ellenbogen

Blick von Noahs Segel

Sonnenuntergang bei Birx

Zweitverwertung Streckmetallzaun